黄河流域“十四五”结构调整与低碳发展政策研究

董战峰　龙　凤　毕粉粉
连　超　田　雪　周　佳　等著

中国环境出版集团・北京

图书在版编目（CIP）数据

黄河流域“十四五”结构调整与低碳发展政策研究 / 董战峰等著. -- 北京 : 中国环境出版集团, 2023.10
ISBN 978-7-5111-5667-9

Ⅰ. ①黄… Ⅱ. ①董… Ⅲ. ①黄河流域—流域经济—低碳经济—区域经济发展—研究 Ⅳ. ①F127.2

中国国家版本馆 CIP 数据核字(2023)第 211331 号

出 版 人 武德凯
策划编辑 葛 莉
责任编辑 范云平
封面设计 彭 杉

出版发行 中国环境出版集团
（100062 北京市东城区广渠门内大街 16 号）
网 址：http://www.cesp.com.cn
电子邮箱：bjgl@cesp.com.cn
联系电话：010-67112765（编辑管理部）
发行热线：010-67125803，010-67113405（传真）
印 刷 北京鑫益晖印刷有限公司
经 销 各地新华书店
版 次 2023 年 10 月第 1 版
印 次 2023 年 10 月第 1 次印刷
开 本 787×1092 1/16
印 张 8.25
字 数 130 千字
定 价 56.00 元

本书编委会

主　编：董战峰　龙凤

编　委：毕粉粉　连　超　田雪　周佳
李书林　张亚雯　彭浩帆　施溱峰
钱紫微　齐占昆　葛察忠

前　言

黄河是中华民族的母亲河，黄河流域是我国重要的生态屏障和重要的经济地带，也是打赢脱贫攻坚战的重要区域，在我国经济社会发展和生态安全方面具有十分重要的地位。黄河流域生态保护和高质量发展，同京津冀协同发展、长江经济带发展、粤港澳大湾区建设、长三角一体化发展一样，成为重大国家战略。习近平总书记高度重视黄河生态环境保护，多次明确指出保护黄河是事关中华民族伟大复兴和永续发展的千秋大计，黄河流域生态保护和高质量发展是国家重大战略。黄河流域作为我国重要的经济发展带，要融入时代潮流，从发展动能、经济结构上加快转型，成为中国经济实现高质量发展的引领者、示范者，成为坚持生态优先、绿色发展的生态文明示范带。

黄河治理保护工作取得了举世瞩目的成就，但是，当前流域经济社会发展与资源环境承载能力相冲突的现象十分突出，黄河流域生态环境仍存在一些突出困难和问题：一是产业结构和布局不尽合理，煤炭采选、煤化工、有色金属冶炼及压延加工等高耗水、高污染企业多，农业种植规模与水资源条件不相匹配。二是能源基地集中，汾渭平原集中分布焦炭、电解铝等行业，能源结构总体以煤为主，燃煤使用分散低效，排放量大，重污染天数是全国平均值的3倍以上。三是交通结构依赖公路，汾渭平原、河南、山东等地是我国公路交通网负载较大的地区，年货运总量的80%以上依靠公路运输，是全国平均水平的3倍多，汾渭平原的煤炭、焦炭主要依靠公路完成大宗原材料和产成品的运输。产业结构偏重、能源结构以煤为主、运输结构以公路为主，导致中下游城市大气污染防治形势堪忧、颗粒物污染浓度居高不下、重污染天气频发。另外，全流域生态脆弱问题突出、水资源紧缺，汾河、渭河等流域污染物严重超标，局部地区土壤污染严重，有色金属矿区周边农田污染问题突出。

在黄河流域生态环境脆弱、水资源保障形势严峻、发展质量有待提高的背景下，研究促进黄河流域结构调整与低碳发展的目标指标、环境政策改革方向、思路以及具体政策具有重要意义，是“十四五”生态环境保护规划和黄河流域生态环境保护规划的根本需求。本书通过研究黄河流域促进结构调整与低碳发展的进展和形势分析，提出引导和支持黄河流域结构调整和低碳发展的环境政策改革方向、思路以及具体政策改革建议，促进能源的节约利用、新能源推广使用以及推进大气污染物与二氧化碳协同减排，推进黄河流域结构调整和低碳发展。

目 录

第 1 章 黄河流域低碳发展基础与形势......1

1.1 黄河流域生态保护与高质量发展国家重大发展战略......1

1.2 黄河流域结构调整与低碳发展基本状况......12

1.3 黄河流域低碳发展面临的挑战......17

第 2 章 黄河流域结构调整与低碳发展政策进展......19

2.1 “十三五”时期黄河流域结构调整概述......19

2.2 低碳发展政策现状评估......33

2.3 重点行业的低碳发展政策分析......57

2.4 本章总结......62

第 3 章 典型省（区）案例研究——甘肃省......64

3.1 生态环境保护和高质量发展现状......64

3.2 产业、能源、交通结构调整的低碳发展政策具体实践......66

3.3 低碳发展政策短板与需求......70

3.4 促进结构调整的低碳发展政策建议......71

第 4 章　典型省（区）案例研究——山西省 72
4.1　山西省结构调整现状 72
4.2　低碳发展存在的问题 85
4.3　结构调整的低碳发展政策实践 91
4.4　低碳发展政策短板与需求 98
4.5　促进结构调整的低碳发展政策建议 102

第 5 章　低碳发展政策改革建议 106
5.1　改革方向与思路 106
5.2　积极推动产业结构生态化 107
5.3　加快促进能源结构清洁化 109
5.4　全力推进交通结构低碳化 111
5.5　“十四五”时期改革路线 114
5.6　健全相关配套保障机制 116

参考文献 119

第 1 章

黄河流域低碳发展基础与形势

1.1 黄河流域生态保护与高质量发展国家重大发展战略

1.1.1 黄河流域概况

黄河流域在我国经济社会发展和生态安全方面具有十分重要的地位。黄河发源于青藏高原，流经 9 个省（区），全长 5 464 km，是我国仅次于长江的第二大河。黄河流域各省（区）2018 年年底总人口 4.2 亿，占全国总人口的 30.3%；地区生产总值 23.9 万亿元，占全国的 26.5%。黄河流域是我国重要的经济带，黄淮海平原、汾渭平原、河套灌区是农产品主产区，粮食和肉类产量占全国的 1/3 左右。黄河流域又被称为“能源流域”，煤炭、石油、天然气和有色金属资源丰富，煤炭储量占全国的 50%以上，是我国重要的能源、化工、原材料等基础工业基地。随着郑州、西安、济南等中心城市和中原城市群加快建设，黄河流域作为全国重要的农牧业生产基地和能源基地的地位进一步巩固，新的经济增长点不断涌现。

近年来，我国区域经济格局在传统的“东西分化”基础上又呈现出“南北分化”

的新态势。北方经济占全国的比重由2012年的45.8%降至2018年的38.5%。黄河流域9省（区）经济占北方经济的“半壁江山”，流域面积、常住人口、GDP总量、地方财政一般预算收入分别占北方地区的44.21%、57.72%、55.84%和48.93%，工业增加值、全社会固定资产投资占比更是分别达到北方地区的60.99%和61.96%。经济高质量发展的黄河流域是我国北方经济的重要支撑，具有“平衡南北方，协同东中西”的作用，只有黄河流域的“崛起”才能挺起北方经济的“脊梁”，才能为加快推动我国经济高质量发展做出更大贡献。

从黄河流域各省（区）的发展情况来看，上游、中游和下游呈现非常明显的阶梯形分布。2019年，上游地区的青海、甘肃和宁夏占全国GDP的份额均未超过1%，上游地区GDP总量仅占全国的1.68%；中游地区的内蒙古、陕西和山西占全国GDP的份额为1.8%～3%，中游地区GDP总量占全国的6.56%；下游地区的河南和山东都是经济大省，占全国GDP的份额都在5%以上，下游地区GDP总量占全国的13.70%。第二产业比重偏高，黄河流域第二产业工业增加值占GDP的比重明显高于全国平均水平。

1.1.2 黄河流域生态保护与高质量发展战略

（1）国家非常重视黄河流域

2019年9月，习近平总书记主持召开黄河流域生态保护和高质量发展座谈会并发表重要讲话，提出黄河流域生态保护和高质量发展是重大国家战略。2020年，习近平总书记在黄河流域陕西、山西、宁夏多个省（区）考察时，强调实施推进黄河流域生态保护和高质量发展国家战略。2020年12月，中共中央政治局常委、国务院副总理、推动黄河流域生态保护和高质量发展领导小组组长韩正主持召开推动黄河流域生态保护和高质量发展领导小组全体会议。

2021年10月，中共中央、国务院印发《黄河流域生态保护和高质量发展规划纲要》，要求各地区各部门结合实际认真贯彻落实。2021年10月，习近平总书记在济南主持召开深入推动黄河流域生态保护和高质量发展座谈会并发表重要讲话，他强调，要科学分析当前黄河流域生态保护和高质量发展形势，把握好推动黄河流域生态保护和高质量发展的重大问题，咬定目标、脚踏实地，埋头苦干、久久为功，确保“十四五”时期黄河流域生态保护和高质量发展取得明显成效，为黄河永远造福中华民族而不懈奋斗。2022 年 6 月，经推动黄河流域生态保护和高质量发展领导小组同意，生态环境部等四部委印发了《黄河流域生态环境保护规划》，为当前和今后一段时期黄河流域生态环境保护工作提供了重要依据和行动指南。2022 年 10 月，第十三届全国人民代表大会常务委员会第三十七次会议通过了《中华人民共和国黄河保护法》，法律明确，国家加强黄河流域生态保护与修复，加强流域环境污染的综合治理、系统治理、源头治理，推进重点河湖环境综合整治。

（2）各省（区）落实黄河流域生态保护与高质量发展国家战略

自习近平总书记宣布黄河流域生态保护和高质量发展为重大国家战略以来，黄河流域9省（区）积极行动，采取多项措施贯彻落实国家战略。各省多次召开会议，深入贯彻习近平生态文明思想，全面落实习近平总书记在黄河流域生态保护和高质量发展座谈会上的重要讲话精神，山西、陕西、山东、四川、甘肃、青海、宁夏、内蒙古、河南先后发布黄河流域生态保护和高质量发展规划。

青海省：青海省多次召开推动黄河流域生态保护和高质量发展领导小组会议。2020 年 3 月，青海省推动黄河流域生态保护和高质量发展领导小组召开第一次会议，会议指出，要实事求是看待青海在黄河流域的地位和作用，清醒认识黄河水资源、水生态、水环境的刚性约束，做好以水定城、以水定地、以水定人、以水定产的文章，同时会议审议了青海省推动黄河流域生态保护和高质量发展领导小组2020年工作要点、领导小组工作规则和办公室工作细则。2021 年 4 月，青海省推动黄河流域生态保护和高质量发展领导小组第三次全体会议召开，进一步学习贯彻习近平总书记参加青海代表团审议时的讲话及关于黄河流域生态保护和高质量发展重要讲话精神，会议审议了《〈黄河青海流域生态保护和高质量发展规划〉重点任务分工方案》和《青海省推动黄河流域生态保护和高质量发展领导小组2021 年工作要点》。2021 年 11 月，青海省推动黄河流域生态保护和高质量发展领导小组第五次会议召开，会议审议通过了《青海省关于学习贯彻习近平总书记在深入推动黄河流域生态保护和高质量发展座谈会上重要讲话精神的实施意见》和《“十四五”黄河青海流域生态保护和高质量发展实施方案》。2022 年 2 月，青海省推动黄河流域生态保护和高质量发展领导小组第六次会议召开，会议审议通过了《“十四五”黄河青海流域生态保护和高质量发展实施方案重点任务清单、重要政策清单、重大工程清单》《2022 年推动黄河青海流域生态保护和高质量发展工作要点》《黄河青海流域生态保护和修复规划（2021—2035）》《黄河青海流域生态保护和高质量发展水安全保障规划》《黄河青海流域文化保护传承弘扬规划》《黄河青海流域林草生态保护与建设规划》。

四川省：四川省委于 2019 年 9 月召开常委会会议，会议指出扎实抓好四川黄河流域生态保护和环境治理，持续实施天然林保护、退牧还草、草原治理等重点生态工程，加快建设大熊猫国家公园、若尔盖草原湿地生态功能区和以石渠为重点的“中国最美高原湿地”，加快构筑黄河上游生态屏障。2021 年 7 月，四川省召开省推动长江经济带发展领导小组暨省推动黄河流域生态保护和高质量发展领导小组全体会议，审议了《四川省推动黄河流域生态保护和高质量发展领导小组工作规则》。2021 年 10 月，《“十四五”四川省黄河流域生态保护和高质量发展实施方案》意见征求专题会在石渠县召开。2021 年 11 月，四川省召开推动黄河流域生态保护和高质量发展座谈会，会议表示，四川将以建设国家重要水源补给地、涵养地、国家生态旅游示范区、全国重要能源基地等为重点任务，为守护好黄河碧水蓝天和长久安澜做出更多贡献。2022 年 7 月，四川省推动黄河流域生态保护和高质量发展领导小组全体会议召开，会议审议了《四川省黄河流域“十四五”生态环境保护规划》《四川省黄河流域水安全保障规划》《四川省黄河文化保护传承弘扬专项规划》等文件。

甘肃省：着眼新发展阶段，贯彻新发展理念，立足甘肃是国家重要生态安全屏障、黄河流域重要水源涵养区、黄河上游高质量发展先行区、黄河文化保护传承弘扬示范区四大战略定位，围绕主动融入新发展格局、推进黄河流域生态保护和高质量发展，紧扣生态修复、文化复兴和产业转型三大任务，提出深入实施水源涵养、水土流失治理、防洪能力建设、污染治理、绿色生态产业培育、黄河文化传承等重大工程，着力构建黄河上游生态保护空间布局和黄河流域甘肃段发展动力格局。2021 年 4 月，兰州市黄河流域生态保护和高质量发展协调推进领导小组会议召开，深入学习贯彻习近平总书记关于推进黄河流域生态保护和高质量发展的重要讲话、指示批示精神和党中央、省委有关部署要求，审议通过《兰州市黄河流域生态保护和高质量发展规划》及重点任务分工方案。2022 年 1 月，为推进甘肃省黄河流域生态保护和高质量发展，省生态环境厅组织编制了《甘肃省黄河流域环境保护与污染治理专项实施方案》，该方案实施范围覆盖黄河流域流经甘肃省的 9 市（州）58 个县（区）及兰州新区，同时结合不同区域自然地理特征和突出环境问题，将实施区域划分为黄河上游源头水源涵养保护区、中部沿黄工业城乡污染综合整治区和渭河泾河水环境质量改善区。2023 年 7 月，甘肃省第十四届人民代表大会常务委员会第四次会议通过了《甘肃省黄河流域生态保护和高质量发展条例》（以下简称《条例》），自 2023 年 10 月 1 日起施行，《条例》明确，促进黄河流域高质量发展应当完整准确全面贯彻新发展理念，加快发展方式的绿色转型，以生态保护为前提优化调整区域经济和生产力布局。

宁夏回族自治区：2019 年 9 月，宁夏回族自治区召开党委常委会会议，会议要求，要牢固树立“一盘棋”思想，主动服务大局、主动融入大局、主动担当作为，自觉扛负起黄河宁夏段生态保护和污染治理的责任，加强与黄河流域各省（区）的协作配合，共同抓好大保护、协同推进大治理，在推动黄河流域生态保护和高质量发展中做出宁夏贡献。2020 年 7 月，中国共产党宁夏回族自治区第十二届委员会第十一次全体会议召开，会议审议通过了《中共宁夏回族自治区委员会关于建设黄河流域生态保护和高质量发展先行区的实施意见》。2020 年 10 月，水利部出台《关于支持宁夏建设黄河流域生态保护和高质量发展先行区的指导意见》，支持宁夏从水资源节约集约利用、水生态保护修复、智慧水利、城乡供水、行业监管、水文化建设等 8 个方面先行先试、实现突破，示范带动、创造经验。2022 年 4 月，国务院批复同意《支持宁夏建设黄河流域生态保护和高质量发展先行区实施方案》，支持宁夏建设先行区。2022 年 1 月，宁夏回族自治区第十二届人民代表大会第五次会议审议通过了《宁夏回族自治区建设黄河流域生态保护和高质量发展先行区促进条例》，自 2022 年 3 月 1 日起施行，这是全国首部关于黄河流域生态保护和高质量发展战略的地方性法规，在全国率先制定先行区促进条例。2022 年 11 月，由宁夏回族自治区人民政府轮值主办的黄河流域生态保护和高质量发展省际合作联席会议以视频形式召开，会议通过了《黄河流域生态保护和高质量发展省际合作联席会议合作共识》。

内蒙古自治区：2019 年 10 月，内蒙古黄河流域生态保护和高质量发展座谈会在鄂尔多斯召开，会议强调，要以黄河流域生态保护为重要背景依据，根据不同流域段、不同地区实际谋求发展之路，加快绿色转型，着力推动沿黄地区高质量发展。要强化刚性约束，坚持以水定城、定地、定人、定产，建立健全最严格的生态环境保护和水资源管理制度，坚决淘汰落后产能。2021 年 2 月，自治区推动黄河流域生态保护和高质量发展领导小组召开第一次会议，深入学习贯彻习近平总书记关于推动黄河流域生态保护和高质量发展的重要论述，审议了《〈内蒙古自治区黄河流域生态保护和高质量发展规划〉重点任务分工方案》。2021 年 4 月，呼和浩特市政府常务会研究审议了《呼和浩特市黄河流域生态保护和高质量发展规划纲要》。2021 年 7 月，呼和浩特市委、市政府印发《呼和浩特市黄河流域生态保护和高质量发展实施纲要》。2021 年 10 月内蒙古和林格尔新区管委会会议审议通过《内蒙古和林格尔新区推动黄河流域生态保护和高质量发展 2021 年工作要点及分工方案》。2022 年 1 月，由内蒙古自治区人民政府轮值主办的黄河流域生态保护和高质量发展省际合作联席会以视频形式召开，会议以“共谋新发展 打造幸福河”为主题，审定通过《黄河流域生态保护和高质量发展省际合作联席会议制度》。

陕西省：2019 年 10 月，陕西省黄河流域生态保护和高质量发展领导小组召开会议审议《陕西省推动黄河流域生态保护和高质量发展领导小组工作规则》及《陕西省推动黄河流域生态保护和高质量发展领导小组办公室工作细则》《陕西省推进黄河流域生态保护和高质量发展主要任务和当前重点工作》等文件。2020年2月，陕西省委、省政府于同一天分别召开省委常委会会议和省政府党组会议，研究部署陕西黄河流域生态保护和高质量发展相关工作，会议分别强调，要落实高质量发展要求，加快建设西安国家中心城市，建设国家现代能源经济示范区，要把谋划黄河流域生态保护和高质量发展与陕西“十四五”总体规划编制衔接起来，强化西安国家中心城市带动作用，提升榆林、延安城市承载力，推进区域协调发展。2020年4月，经陕西省黄河流域生态保护和高质量发展领导小组同意，《陕西省推动黄河流域生态保护和高质量发展2020年工作要点》印发实施，明确了22项重点任务。2022年5月，陕西省推动黄河流域生态保护和高质量发展领导小组召开会议，会议审议通过了《陕西省“十四五”黄河流域生态保护和高质量发展实施方案》《陕西省推动黄河流域生态保护和高质量发展2022年工作要点》等文件。2023年2月，陕西省推动黄河流域生态保护和高质量发展领导小组召开会议，审议通过了《陕西省推动黄河流域生态保护和高质量发展2023年工作要点》，安排部署相关工作。

山西省：2019年9月，召开山西省委常委扩大会议，会议强调山西作为黄河流域的省份，要增强时代使命感，与沿黄兄弟省（区）一道，“共同抓好大保护、协同推进大治理”，并围绕全面把握中央部署，结合省情提出了贯彻落实的六个重点任务。2022年1月，山西省政府第131次常务会议审议通过了《山西省“十四五”黄河流域生态保护和高质量发展实施方案》。2023年3月，召开省委深化改革委员会（省综改委）第四十六次会议，审议通过《山西建设黄河流域生态保护和高质量发展重要实验区实施方案》，会议指出，山西作为黄河流域重要省份，肩负着实施好黄河流域生态保护和高质量发展战略的重大使命，要统筹推进流经县（区）、全省域生态大保护大治理，不断提升黄河流域高质量发展水平，为黄河永续造福中华民族做出山西贡献。2023年3月，山西省召开省黄河流域生态保护和高质量发展工作领导小组全体会议，会上省委书记蓝佛安指出，建设黄河流域生态保护和高质量发展重要实验区，是山西省落实重大国家战略的具体行动，事关山西省更好奋进“两个基本实现”目标，各级各部门要从忠诚践行“两个维护”的高度，进一步发扬历史主动精神，在践行国家使命中展现山西担当，会议审议通过了山西省《黄河流域生态保护和高质量发展2023年重点工作安排》。

河南省：2020年1月，河南省黄河流域生态保护和高质量发展领导小组第三次会议召开，会议指出，要谋划大项目，围绕生态保护、高质量发展、文化传承等重点领域，先期启动一批具有引领性、示范性的重大工程，把事情先做起来、把标准先立起来，把共同奏响新时代黄河大合唱河南乐章的干劲激发起来。2020年3月，河南省黄河流域生态保护和高质量发展领导小组印发《2020年河南省黄河流域生态保护和高质量发展工作要点》，提出要抓实抓细抓落地，把握沿黄地区生态特点和资源禀赋，从过去的立足“要”向立足“干”转变、向先行先试转变，引领沿黄生态文明建设，在全流域率先树立河南标杆。2020年9月，河南省黄河流域生态保护推进会议暨省黄河流域生态保护和高质量发展领导小组第四次会议在郑州召开，会议对河南省黄河流域生态保护工作做出具体部署，强调要深刻领会习近平总书记关于黄河流域生态保护和高质量发展的重要论述，统筹推进生态保护和高质量发展，加快动能转换，弘扬保护黄河文化，增强民族自信、文化自信，同时会议印发了《关于推进黄河流域生态保护和高质量发展的意见（讨论稿）》和《河南省黄河流域生态保护和高质量发展规划（讨论稿）》。2021年9月，河南省第十三届人民代表大会常务委员会第二十七次会议审议通过了《河南省人民代表大会常务委员会关于促进黄河流域生态保护和高质量发展的决定》，决定提出，我省要高水平建设大河治理和生态保护示范区、水资源节约集约利用和现代农业发展先行区、高质量发展引领区、黄河文化优势彰显区。2021年12月，河南省水利厅召开黄河流域生态保护和高质量发展领导小组会议，会议集中学习了习近平总书记在深入推动黄河流域生态保护和高质量发展座谈会上的重要讲话精神、省黄河流域生态保护和高质量发展领导小组第五次会议精神，印发了《关于调整河南省水利厅黄河流域生态保护和高质量发展领导小组成员的通知》，审议了《河南省水利厅关于黄河流域生态保护和高质量发展重点任务分工初步方案》《河南省水利厅关于“十四五”黄河流域生态保护和高质量发展工作分工初步方案》。2021年12月，郑州市政府召开新闻发布会，正式发布《郑州建设黄河流域生态保护和高质量发展核心示范区总体发展规划（2020—2035 年）》和《郑州建设黄河流域生态保护和高质量发展核心示范区起步区建设方案（2020—2035 年）》，标志着郑州建设黄河流域生态保护和高质量发展核心示范区的顶层设计已经基本完成，迈出了提速建设的重要一步。2023 年 6 月，郑州市黄河流域生态保护和高质量发展核心示范区工作领导小组第七次会议审议了《郑州市建设黄河流域生态保护和高质量发展核心示范区 2023 年工作要点》及专项工作行动计划。

山东省：2019 年 9 月，山东省委常委会召开会议，强调要积极探索沿黄地区高质量发展新路，着力打造黄河安澜示范带、沿黄绿色发展先行区、沿黄乡村振兴齐鲁样板、沿黄对外开放新高地、沿黄高质量发展增长极和世界文明交流互鉴高地。2020 年 7 月，中共济南市委第十一届委员会第十一次全体会议审议通过了《关于实施黄河流域生态保护和高质量发展国家战略行动的意见》，提出实施生态保护修复、黄河安澜等十大行动，明确了济南贯彻落实黄河流域生态保护和高质量发展重大国家战略的任务路径。2021 年 10 月，济南市政府常务会议审议通过了《济南市黄河流域生态保护和高质量发展规划》。2021 年 12 月，山东省水利厅、山东省发展改革委、山东省黄河河务局三部门联合印发《山东省黄河流域生态保护和高质量发展水利专项规划》，该规划分析了沿黄 9 市水利发展现状和面临的形势，明确了指导思想和发展目标。2022 年 9 月，山东省推进黄河流域生态保护和高质量发展领导小组召开会议，审议了《关于支持沿黄 25 县（市、区）推动黄河流域生态保护和高质量发展的若干政策措施》等文件，内容涵盖构建抵御自然灾害防线、推动深度节水控水、加强生态环境保护治理、优化区域发展布局等 8 个方面，共计 30 条细则。2023 年 1 月，山东省生态环境厅会同省发展改革委等部门印发了《山东省黄河生态保护治理攻坚战行动计划》。

1.1.3　低碳发展是黄河流域生态保护与高质量发展的重要内容

关于黄河流域生态保护和高质量发展的科学内涵，国内诸多学者进行了论述探讨。例如，任保平等[1]认为，应依据习近平总书记提出的“共同抓好大保护，协同推进大治理”的重要论述，加快黄河流域分类、协调、绿色、创新和开放发展。左其亭[2] 认为，黄河流域生态保护和高质量发展战略实施应遵循人水和谐、可持续发展、生态文明、系统治理、节水优先、高质量发展和文化自信的思想。陈晓东等[3] 从全域统筹、生态保护、文化传承、宜居共享等角度研究了黄河流域高质量发展的着力点。金凤君[4]、郭晗[5] 从生态保护与高质量发展协调推进、可持续发展的角度论述了黄河流域高质量发展过程中生态保护的重要性，认为黄河治理的“牛鼻子”在于水沙调节，生态治理好了，发展自然就上去了，这是黄河流域治理发展的根基，同时也体现了“绿水青山就是金山银山”的绿色可持续发展理念。徐辉等[6] 认为，黄河流域生态保护和高质量发展的科学内涵至少包括“经济发展、创新驱动、民生改善、环境状况和生态状况”5 个维度的内容。杨永春等[7] 认为，应当从“经济、社会、文化、环境”等视角加以规范其核心要义。马海涛等[8] 认为高质量发展内涵是“创新、协调、绿色、开放、共享”五大发展理念的具体体现。安树伟等[9] 认为黄河流域高质量发展体现在生态优先、市场有效、动能转换、产业支撑、区域协调、以人为本 6 个方面。张贡生[10] 认为黄河流域生态保护和高质量发展的科学内涵主要体现在整体性和系统性，生态优先、绿色发展，高质量发展和人民群众对美好生活的追求等方面。高兰芳[11] 从马克思主义区域发展观出发，拓展了黄河流域生态保护与高质量发展的内涵，形成了优势互补、高质量发展、共同富裕、文化自信、富有地域特色的区域协调发展战略。

总体来看，黄河流域生态保护与高质量发展的科学内涵主要体现在以下 3 个方面。

（1）生态优先、绿色低碳发展

黄河流域全长 5 464 km，横跨我国东中西部地区，上中下游不仅自然生态环境、经济社会发展差距大，而且还是我国“三大攻坚战”中污染防治和脱贫攻坚的重点区域，尤其是中上游地区属于典型的青藏高原和黄土高原生态功能区，以及北方防风固沙带，生态环境极其脆弱，一旦破坏，很难恢复。不仅如此，黄河流域的生态环境状况还极有可能影响到京津冀、长江经济带和环渤海地区的生态环境。也就是说，对于黄河流域而言，必须牢固树立“保护生态环境就是保护生产力，改善生态环境就是发展生产力”[12] 的思想，依托国家主体功能区规划和该流域资源环境承载力，以“产业生态化”和“生态产业化”的思维，对其工业化、城市化、农业现代化和“三生空间”进行长远规划，在保护的基础上以绿色发展为核心进行顶层设计，控制碳排放总量，降低碳排放强度，以“碳达峰碳中和”为目标，以绿色城镇化建设[13] 和美丽乡村建设为抓手，进行点-轴式的开发、开放和发展，最终形成绿色、低碳、开放、高质量发展的生态经济带。

（2）高质量发展

以人民共享发展成果为宗旨，以“生态优先、绿色低碳发展”为前提，以创新驱动、协调发展、低碳发展、开放发展和“四化同步”为内在动力，实现上中下游、黄河两岸、河陆、河湖海、城乡和区域，以及京津冀、长江经济带和“一带一路”经济、社会、人与自然的协调和可持续发展。这里的“高质量”不仅指“私人产品和服务”“公共产品和服务”“GDP 的产品构成和产业构成”[14] 的质量，还包括基本公共服务如教育、就业、医疗、卫生、社保等方面，城乡、区域的公平和质量，以及基础设施的互联互通，切实形成黄河流域共建共享共赢的新格局。

（3）“人民日益增长的美好生活需要”是目标

发展是第一要务没有变，变的是在新时代要以“五位一体”“四个全面”和“新发展理念”为顶层设计，以高质量发展为要领，对黄河流域进行整体性和系统性规划，不仅要满足人民群众对物质文化的高质量需求，还要满足人民群众在“经济、政治、社会、文化、生态”等多方面日益增长的需求，实现“一张蓝图干到底”。低碳发展是黄河流域生态环境保护和高质量发展的重要内容。习近平总书记 2020 年宣布中国将力争 2030 年前实现“碳达峰”、2060 年前实现“碳中和”，这是我国基于推动构建人类命运共同体的责任担当和实现可持续发展的内在要求做出的重大战略决策。我国承诺实现从“碳达峰”到“碳中和”的时间，远短于发达国家所用时间，需要付出艰苦努力。我国将“碳达峰碳中和”目标纳入生态文明建设整体布局，正在制订“碳达峰”行动计划，广泛深入开展“碳达峰”行动，支持有条件的地方和重点行业、重点企业率先达峰。黄河流域生态保护和高质量发展国家战略和我国2030年前实现“碳达峰”、2060年前实现“碳中和”的重大宣示，为黄河流域的低碳发展提出了明确要求，带来了重大历史机遇。沿黄9省（区）大多处于北方，实现流域上下游协调低碳发展，将在很大程度上缓解南北经济发展差距扩大的趋势，对我国经济高质量发展有重要战略意义。

1.2 黄河流域结构调整与低碳发展基本状况

1.2.1 低碳发展现状分析

水沙治理取得显著成效。防洪减灾体系基本建成，保障了伏秋大汛岁岁安澜，确保了人民生命财产安全。龙羊峡、小浪底等大型水利工程充分发挥作用，河道萎缩态势得到初步遏制，黄河含沙量近20年累计下降超过80%。实施水资源消耗总量和强度双控，流域用水增长过快局面得到有效控制，入渤海水量年均约增加10%，通过引调水工程为华北地区提供了水源，有力支撑了经济社会可持续发展。

生态环境持续明显向好。水土流失综合防治成效显著，生态环境明显改善。三江源等重大生态保护和修复工程加快实施，上游水源涵养能力稳定提升。中游黄土高原蓄水保土能力显著增强，实现了“人进沙退”的治沙奇迹，库布齐沙漠植被覆盖率达到53%。下游河口湿地面积逐年回升，生物多样性明显增加。

资源型重化工特征突出，产业结构绿色低碳水平偏低。黄河流域生态脆弱，水资源短缺，以传统资源密集型产业为主，产业结构呈现明显的重化工倾向，主导产业高耗能、高耗水、排污量大等问题突出。这不仅带来了高污染、高排放、水资源枯竭等生态问题，容易引发环境事故和布局性环境风险，还极易导致工业发展挤占优质水资源。高技术和战略性新兴产业发展滞后，面临新旧动能转换接续不力的严峻挑战。

能源结构不合理，低碳转型任务重。黄河流域是我国最重要的能源基地之一。煤炭生产和消费占比高，全流域能源结构依然偏重且缺乏有效调整措施，煤炭采选、煤化工、钢铁、有色金属冶炼及压延加工等企业较多，其中煤化工企业占全国的 80%。流域火电装机占比高达 62%，碳减排任务重。在部分能矿资源富集区域，由于对能源资源的开发长期以采掘和粗加工为主，附加值不高，中、高端产业发展力度远远不够。

碳排放量不断上升但增速下降。2000—2018 年黄河流域能源消费碳排放呈现总量不断上升但增长速率下降的态势，碳排放总量由 2000 年的 9.19 亿 t 增至 2018 年的 38.41 亿 t，但年均增速由 2000—2010 年的 12.1%迅速下降至 2011—2018 年的 3.66%，整体表现出收敛趋势，但还未达到碳峰值。流域内部碳排放总量呈中游＞下游＞上游的地理分异特征，中游碳排放占比始终维持在 40%以上，是黄河流域碳排放的主要来源。[15] 根据 9 省（区）2018 年碳排放量进行区域划分：将碳排放量在 4 000 万 t/a（含）以下的省（区）划为低排放区，包括黄河上游的青海、甘肃、宁夏 3 省（区）；将碳排放量为 4 000 万～8 000 万 t/a（含）的省（区）划为中排放区，包括黄河上游的四川、内蒙古 2 省（区）；将碳排放量在 8 000 万 t/a 以上的省（区）划为高排放区，包括黄河中游的陕西、山西和下游的河南、山东 4 省。[16] 根据各省（区）碳排放量及其发展趋势，结合我国“碳达峰”要求和全国各地“碳达峰”实际统筹考虑，初步研判黄河上游地区在 2025 年前实现“碳达峰”，黄河中游地区在 2027 年前实现“碳达峰”，黄河下游地区在 2029 年前实现“碳达峰”。

碳排放强度高，地区差异明显。2019 年黄河流域 9 省（区）的地区生产总值为 24.7 万亿元，占全国 GDP 的 25.0%，但碳排放总量达 38 亿 t，占全国碳排放量的 34.9%。黄河流域的单位 GDP 碳排放为 1.54 t 二氧化碳/万元，高出全国平均水平 28.5%。与此同时，黄河流域各地区的碳排放总量及强度差异明显。从碳排放总量上看，2019 年黄河流域 9 省（区）中碳排放量最高的前 3 个省（区）是山东、内蒙古和山西，分别为 9.37 亿 t、7.94 亿 t 和 5.57 亿 t，分别是碳排放量最低的青海省的 18.1 倍、15.3 倍和 10.9 倍。从碳排放强度上看，2019 年单位 GDP 碳排放量最高的 3 个省（区）是宁夏、内蒙古和山西，分别为 5.66 t 二氧化碳/万元、4.61 t 二氧化碳/万元和 3.33 t 二氧化碳/万元，分别是单位 GDP 碳排放量最低的四川省的 8.4 倍、6.8 倍和 4.9 倍（图 1-1）。这 3 个省（区）的经济发展水平都处于较低的水平。

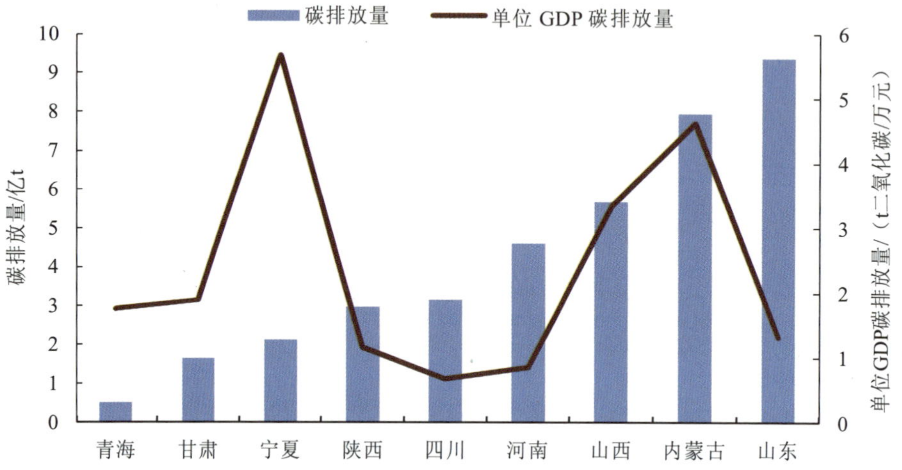

图 1-1　2019 年黄河流域 9 省（区）碳排放量与碳排放强度情况

资料来源：中国碳核算数据库（CEADS）。

1.2.2　低碳发展水平评价

（1）评价方法

黄河流域 9 省（区）经济社会基础、资源环境禀赋以及政策倾向等因素存在差异，各省（区）绿色低碳发展面临的阻碍因素也不尽相同，因此，从经济、资源、环境、社会 4 个层面出发构建了绿色低碳发展评价指标体系（表 1-1）。采用二次加权因子分析法对 2019 年全国 30 个省（区、市）（西藏、台湾、香港、澳门由于数据缺失除外）绿色低碳发展水平进行综合评价，从而得到黄河流域 9 省（区）4 个维度和综合方面的绿色低碳发展水平得分及在全国排名（表 1-2），采用聚类分析对全国 30 个省（区、市）绿色低碳发展水平进行分类（表 1-3）。

表 1-1　绿色低碳发展评价指标体系

总体目标层	一级指标层	二级指标层	基本指标层	单位	指标正逆性
绿色低碳发展水平评价	经济指标	经济发展	人均 GDP	元/人	+
			城镇居民人均可支配收入	元/人	+
			农村居民人均可支配收入	元/人	+
			GDP 增长率	%	+
		经济结构	第三产业比重	%	+
			高新技术产业产值比重	%	+
			研发经费投入强度	%	+
	资源指标	资源减量化	万元 GDP 能耗（标煤）	t/万元	−
			万元 GDP 电耗	kW·h/万元	−
			万元 GDP 水耗	m^3/万元	−
			原煤消费占比	%	−
		资源再利用	城市污水再生利用率	%	+
			一般工业固体废物综合利用率	%	+
	环境指标	污染物减排及治理	单位 GDP 二氧化硫排放量	t/亿元	−
			单位 GDP 氮氧化物排放量	t/亿元	−
			单位 GDP 烟（尘）排放量	t/亿元	−
			生活垃圾无害化处理率	%	+
			地方财政环保支出占 GDP 比重	%	+
		生态环境质量	人均公园绿地面积	hm^2/人	+
			森林覆盖率	%	+
			优良天数比例	%	+
			优良水体比例	%	+
	社会指标	生活水平	城镇恩格尔系数	%	−
			农村恩格尔系数	%	−
			失业率	%	−
		教育情况	地方财政教育支出占 GDP 比重	%	+
			每 10 万人高等学校人数	人	+

表 1-2　黄河流域各省（区）绿色低碳发展水平得分及在全国排名

省（区）	经济	排名	资源	排名	环境	排名	社会	排名	综合	排名
山东	−0.08	14	0.58	5	0.03	18	0.14	9	0.29	10
河南	−0.30	17	0.25	12	0.05	17	0.44	8	0.17	12
陕西	−0.26	16	−0.21	20	0.09	15	0.57	3	0.03	14
四川	−0.01	12	0.01	16	0.48	6	−0.84	29	−0.10	16
山西	−0.58	24	−0.48	26	−0.81	28	0.45	7	−0.52	24
甘肃	−0.76	28	−0.44	24	−0.51	23	−0.52	26	−0.77	25
内蒙古	−0.53	23	−0.77	28	−0.60	25	−0.29	22	−0.80	26
青海	−0.72	27	−0.46	25	−1.05	30	−0.72	28	−1.00	28
宁夏	−0.50	22	−1.21	29	−1.00	29	−0.19	18	−1.09	30

表 1-3　全国 30 个省（区、市）绿色低碳发展水平分类情况

	东部地区	中部地区	西部地区	东北地区
第一类	北京（1）			
第二类	天津（6）、上海（2）、江苏（4）、浙江（3）、广东（5）			
第三类	山东（10）、福建（8）、海南（18）	河南（12）、湖北（7）、安徽（15）、湖南（9）、江西（13）	陕西（14）、重庆（11）、四川（16）、广西（17）、贵州（22）、云南（20）	辽宁（19）
第四类	河北（21）	山西（24）	内蒙古（26）、新疆（29）、宁夏（30）、甘肃（25）、青海（28）	黑龙江（27）、吉林（23）

（2）评价结果

2019 年黄河流域 9 省（区）的绿色低碳发展水平具有显著的从东部地区到中部地区再到西部地区逐渐降低的地域特色，黄河流域 9 省（区）绿色低碳发展水平仍处于初级水平，区域发展不均衡现象突出且各省（区）间绿色低碳发展水平差异较大。通过比较经济、资源、环境、社会各维度得分，可知资源维度得分以及排名与综合得分以及排名类似，综合排名较低的几个省（区），其资源排名也较低且得分均为负值，处于全国均值以下，黄河流域绿色低碳发展水平依然是由区域自然资源禀赋主导，并主要受区域经济发展的影响。

如表 1-2 所示，经济方面，黄河流域 9 省（区）均处于全国均值以下，其中综合排名后五位的省（区），其经济情况也属于全国后 50%的省（区）；资源方面，除山东、河南、四川的资源得分在全国均值以上外，其余各省（区）均在全国均值以下，资源排名情况与综合排名情况相似度较高；环境方面，山东、河南、陕西、四川的环境得分在全国均值以上，且综合排名为黄河流域排名的前四名；社会方面，山东、河南、陕西、山西的社会得分处于全国均值以上且属于全国前 30%的省（区），黄河流域 9 省（区）之间差距较大。如表 1-3 所示，黄河流域的绿色低碳发展水平分类全部都在第三、第四类，与全国其他省（区）绿色低碳经济发展水平相比处于较差的水平，呈现东高西低的区域差异。

黄河流域绿色低碳发展主要受区域生态基础制约，资源及环境差异依然是决定

各省（区）绿色低碳发展水平高低的最主要因素，因此保护自然资源、加强污染治理、改善生态条件是提高黄河流域绿色低碳发展水平的最根本途径。同时加速经济发展、提高经济发展效率是提升流域绿色低碳发展水平的最快捷途径。黄河流域 9 省（区）共存于一个区域系统，要通力合作共同维护流域生态环境，才能促进黄河流域绿色低碳发展目标早日实现。

1.3　黄河流域低碳发展面临的挑战

当前黄河流域 9 省（区）在低碳发展方面仍存在一些挑战。

水资源约束比较严重。黄河水资源总量不到长江的 7%，人均占有量仅为全国平均水平的 27%。水资源利用较为粗放，农业用水效率不高，水资源开发利用率高达 80%，远超一般流域 40%的生态警戒线。黄河流域传统产业占比较高，高耗水企业多，煤化工企业占全国的 80%以上，此种产业结构使得水资源利用问题更加突出[17]。此外，一些违规行为造成了黄河水资源的浪费，进一步加剧了黄河水资源利用的严峻形势。第二轮第五批中央生态环境保护督察在向陕西、宁夏反馈督察情况时，公布了部分违规取水问题，陕西省西安市禁采区、限采区约 30 家工业企业无证取水；2020 年宁夏石嘴山市从黄河取水 11.16 亿 m^3，超过取水指标 19.2%。有些地方忽视水资源承载能力，违规建造人工水景观，例如宁夏 2020 年排查出 26 个“挖湖造景”突出问题项目，郑州市中牟县牟山湿地公园借引黄灌溉之机建设人工湖来发展旅游业。

流域生态环境脆弱。黄河上游局部地区生态系统退化、水源涵养功能降低；中游水土流失严重，汾河等支流污染问题突出；下游生态流量偏低、一些地方河口湿地萎缩。黄河流域的工业、城镇生活和农业面源等三方面污染，加之尾矿库污染，使得 2018 年黄河 137 个水质断面中，劣Ⅴ类水占比达 12.4%，明显高于全国 6.7%的平均水平。汾河等污染严重水体多年来水质无明显改善，首要污染物为氨氮、化学需氧量和生化需氧量。产业结构偏重、能源结构以煤为主、运输结构以公路为主，导致中下游城市大气污染防治形势堪忧，颗粒物浓度居高不下，重污染天气频发。黄河流域煤炭采选、有色金属冶炼及压延加工、化学品制造、炼焦、氮肥制造等资源消耗型、“两高”（高耗能、高排放）企业数量约占 60%，企业产值约占 70%，沿河集中分布，近年来突发环境事件时有发生，黄河下游河道“地上悬河”长期威胁着沿线人民的生命财产安全。

黄河流域低碳转型效果不显著。黄河流域的碳排放量较大，其能耗强度和碳排放强度超过全国平均水平。黄河流域工业部门主要集中于煤炭开采和洗选业、石油和天然气开采业、有色金属冶炼和压延加工业等资源能源产业和重化工业等高碳行业，其中黄河流域资源开采及其加工业的比重高达 36.34%，高于全国平均水平 9.17 个百分点。黄河流域经济增速逐步放缓，黄河流域经济总量占全国的比重由 2008 年的 23.24%降至 2018 年的 21.98%。2018 年，黄河流域经济增速落后于长江流域 1.21 个百分点。山东省的 GDP 总量、工业增加值、地方财政收入、全社会固定资产投资等指标分别是排名第二位的河南省的 1.63 倍、1.56 倍、1.79 倍和 1.24 倍，比青海、宁夏、甘肃、山西、内蒙古、陕西等省（区）的总和还要多。黄河流域规模以上工业企业研发（R&D）经费支出额，亿元工业增加值 R&D 经费支出额，国内三种专利申请数、授权数仅相当于全国平均水平的 81.83%、83.27%、54.23%、50.81%，无法助力低碳转型。黄河流域进出口总额、实际利用外资金额占全国的比重分别为 10.32%、9.32%，仅相当于长江流域的 23.70%、22.48%，比 GDP 占全国的比重分别低 11.66 个百分点和 12.48 个百分点。黄河流域的郑州、西安 GDP 总量位列九大国家中心城市后两位。省会城市首位度总体偏低，西宁、兰州、银川等首位度相对较高的城市由于经济实力较弱，辐射带动能力有限。

总之，在上述挑战下，黄河流域须通过产业、能源、交通结构调整，提高低碳发展水平，实现绿色低碳发展。

第 2 章

黄河流域结构调整与低碳发展政策进展

2.1 “十三五”时期黄河流域结构调整概述

2.1.1 产业结构现状和问题

（1）黄河流域产业结构调整现状

“十三五”时期黄河流域产业结构不断优化，部分省（区）第二产业占比仍持续增长。从三次产业构成来看，“十三五”以来，黄河流域各省（区）产业结构不断优化（除山西省以外），第二产业占比有所降低，第三产业占比逐渐提高（图 2-1）。根据统计数据，2019 年黄河流域 9 省（区）的第二产业占比（陕西省最高 46.4%、甘肃省最低 32.8%）仍全部高于全国平均水平（32.6%）。山西省第二产业占比从 2016 年的 38.5%增加到 2019 年的 43.8%，增幅达 5.3 个百分点（表 2-1）。

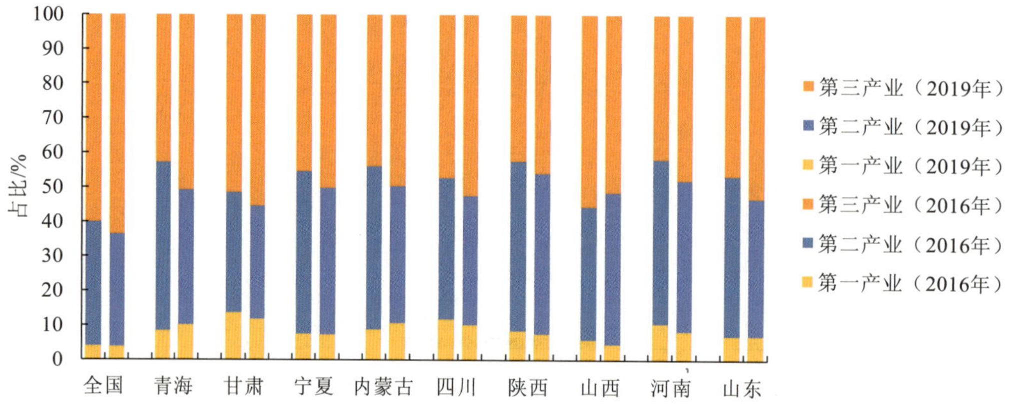

图 2-1　黄河流域 9 省（区）产业结构变化情况（2016 年和 2019 年）[18]

表 2-1　黄河流域 9 省（区）产业结构变化数据（2016 年和 2019 年）

全国/省（区）	年份	三次产业构成/%		
		第一产业	第二产业	第三产业
全国	2016	4.0	36.0	60.0
	2019	3.9	32.6	63.5
青海	2016	8.6	48.6	42.8
	2019	10.2	39.1	50.7
甘肃	2016	13.7	34.9	51.4
	2019	12.0	32.8	55.1
宁夏	2016	7.6	47.0	45.4
	2019	7.5	42.3	50.3
内蒙古	2016	9.0	47.2	43.8
	2019	10.8	39.6	49.6
四川	2016	11.9	40.9	47.2
	2019	10.3	37.3	52.4
陕西	2016	8.7	48.9	42.3
	2019	7.7	46.4	45.8
山西	2016	6.0	38.5	55.5
	2019	4.8	43.8	51.4
河南	2016	10.6	47.6	41.8
	2019	8.5	43.5	48.0
山东	2016	7.2	46.1	46.7
	2019	7.2	39.8	53.0

黄河流域各省（区）第二产业增加值占比逐渐降低，但 7 个省（区）第二产业增加值占比仍高于全国平均水平。从三次产业增加值占比情况来看，“十三五”以来，黄河流域各省（区）第二产业增加值占比逐渐降低，第三产业占比逐渐提高（除山西省以外）。根据统计数据，2019 年黄河流域 9 省（区）中，甘肃省、四川省第二产业增加值占比（分别为 32.8%和 37.3%）低于全国平均水平（38.6%），其他 7 个省（区）第二产业增加值占比仍高于全国平均水平（表 2-2）。

表 2-2　黄河流域 9 省（区）三次产业增加值变化数据

全国/省（区）	年份	产业增加值/亿元	三次产业增加值占比/%			三次产业增加值/亿元		
			第一产业	第二产业	第三产业	第一产业	第二产业	第三产业
全国	2016	746 395.10	8.1	39.6	52.4	60 139.20	295 427.80	390 828.10
	2019	986 515.20	7.1	38.6	54.3	70 473.60	380 670.60	535 371.00
青海	2016	2 482.26	8.9	46.7	44.4	221.19	1 159.75	1 101.32
	2019	3 056.18	9.9	40.9	49.2	301.90	1 249.98	1 504.30
甘肃	2016	7 203.37	13.7	34.9	51.4	986.39	2 515.56	3 701.42
	2019	8 718.30	12.0	32.8	55.1	1 050.48	2 862.42	4 805.40
宁夏	2016	3 168.59	7.6	47.0	45.4	241.60	1 488.44	1 438.55
	2019	3 748.48	7.5	42.3	50.3	279.93	1 584.72	1 883.83
内蒙古	2016	18 128.10	9.0	47.2	43.8	1 637.39	8 553.63	7 937.08
	2019	17 212.53	10.8	39.6	49.6	1 863.19	6 818.88	8 530.46
四川	2016	32 934.54	11.9	40.8	47.2	3 929.33	13 448.92	15 556.29
	2019	46 615.82	10.3	37.3	52.4	4 807.24	17 365.33	24 443.25
陕西	2016	19 399.59	8.7	48.9	42.3	1 693.85	9 490.72	8 215.02
	2019	25 793.17	7.7	46.4	45.8	1 990.93	11 980.75	11 821.49
山西	2016	13 050.41	6.0	38.5	55.5	784.78	5 028.99	7 236.64
	2019	17 026.68	4.8	43.8	51.4	824.72	7 453.09	8 748.87
河南	2016	40 471.79	10.6	47.6	41.8	4 286.21	19 275.82	16 909.76
	2019	54 259.20	8.5	43.5	48.0	4 635.40	23 605.79	26 018.01
山东	2016	68 024.49	7.2	46.1	46.7	4 929.13	31 343.67	31 751.69
	2019	71 067.53	7.2	39.8	53.0	5 116.44	28 310.92	37 640.17

黄河流域各省（区）工业增加值呈逐年上升趋势，但占全国比重逐步下降。从工业增加值情况来看，“十三五”时期，黄河流域各省（区）工业增加值呈逐年上

升趋势。山东省、河南省、四川省工业增加值均达到 1 万亿元以上；陕西、山西、内蒙古工业增加值达到 5 000 亿元以上（图 2-2）。2016—2020 年，黄河流域 9 省（区）工业增加值占全国工业增加值的比重由 28.21%降至 25.49%，降幅为 2.72 个百分点。

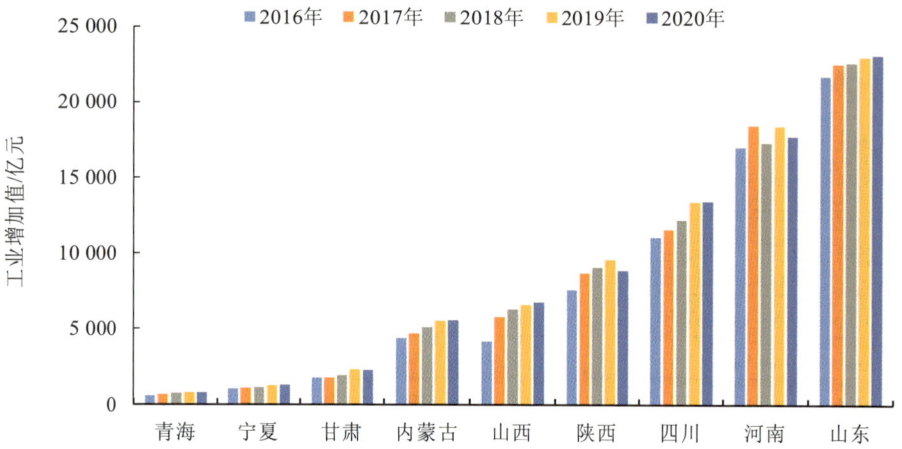

图 2-2 “十三五”时期黄河流域 9 省（区）工业增加值变化情况

资源消耗型的能源工业仍然为黄河流域的支柱产业。多年来，黄河流域内形成了以矿业、能源和重化工业粗放式开发为主的低端产业结构。黄河流域能矿资源丰富，煤炭、天然气储量分别占全国基础储量的 75%和 61%，青海的钾盐储量占全国的 90%以上；中上游地区风能和光伏能源丰富。但是受地区自身消纳能力、水资源和技术等因素所限，当地以资源开采和初级加工为主，产业链短。以甘肃省为例，2016—2019 年，石化、有色、电力、冶金、机械、食品、煤炭七大工业增加值占规模以上工业增加值比重由 86%降低至 85.7%，降幅仅为 0.3 个百分点。其中，电力工业、冶金工业、煤炭工业产业增加值占规模以上工业增加值比重均有提高，增幅分别为 2.6 个百分点、5.7 个百分点和 0.5 个百分点（表 2-3）。

表 2-3　甘肃省支柱产业增加值占规模以上工业增加值比重变化情况　　单位：%

支柱产业	2016 年	2019 年	变化
石化工业	33.7	32.3	−1.4
有色工业	12.5	9.9	−2.6
电力工业	13.2	15.8	2.6
冶金工业	1.9	7.6	5.7
机械工业	5.6	3.5	−2.1
食品工业	13.7	10.7	
煤炭工业	5.4	5.9	0.5
合计	86	85.7	−0.3

（2）黄河流域产业结构调整过程中存在的问题

资源型重化工特征突出，产业结构层次和绿色化水平偏低。黄河流域以传统资源密集型产业为主，产业结构呈现明显的重化工倾向，主导产业高耗能、高耗水、碳排放量大、排污量大问题突出。2017 年，河南省重工业主营业务收入占规模以上工业企业收入的比重高达 65.7%。2018 年，陕西省能源工业增加值占全省规模以上工业增加值的比重为 48.2%，并且连续 3 年上升。宁夏煤炭、电力、化工等行业增加值占全区规模以上工业增加值的比重为 63.7%。甘肃支柱产业长期以能源、有色、冶金等重化工业为主，近年来甘肃石化工业增加值占规模以上工业增加值的比重持续上升，现已超过 1/3，有色、电力等重工业增加值占比也都超过 10%。黄河流域产业结构偏重、能源基地集中，是流域实现“双碳”目标面临的最大挑战，不仅带来了高污染、高排放、水资源枯竭等生态问题，容易引发环境事故和布局性环境风险，还极易导致工业发展挤占优质水资源。随着我国重工业化阶段临近结束，黄河流域重工业也将迎来发展拐点，急需突破以重工业为主的传统经济发展路径，促进化工、电力、钢铁等高耗能产业转型升级，提高能源利用效率，优化产业结构与能源结构。

生态环境承载能力有限，产业发展面临的资源环境约束较大。黄河作为我国北方地区的重要生态屏障，全流域生态脆弱是其典型特征，尤其是中上游地区多处于干旱半干旱地带，荒漠和沙化土地面积占全国该类土地面积的38%。黄河流域水资源总量严重不足，全流域用水缺口超过95亿 m^3，人均水资源占用量470 m^3，仅为全国平均水平的23%。目前，流域内多个地市的支柱产业主要集中在能源化工、冶金等高耗能、高排放、高污染行业，这些地区环境容量紧张，工程性减排空间十分有限，能源、重化工等主导产业发展导致的水土流失、地表水污染和地下水超采、煤矸石等工业固体废物堆积问题突出。此外，多地仍然正在或计划建设高耗水的煤化工项目，煤制气在建或拟建产能占全国的近50%，煤制烯烃、煤制油、煤制乙二醇等在建或拟建产能分别占全国的60%、63%和65%。流域内多省市煤化工产能仍呈现逐年增加态势。例如，山西省第二产业占比增加，“十三五”时期，山西省生铁、粗钢、钢材、焦炭等主要工业产品产量逐年升高（图2-3）。

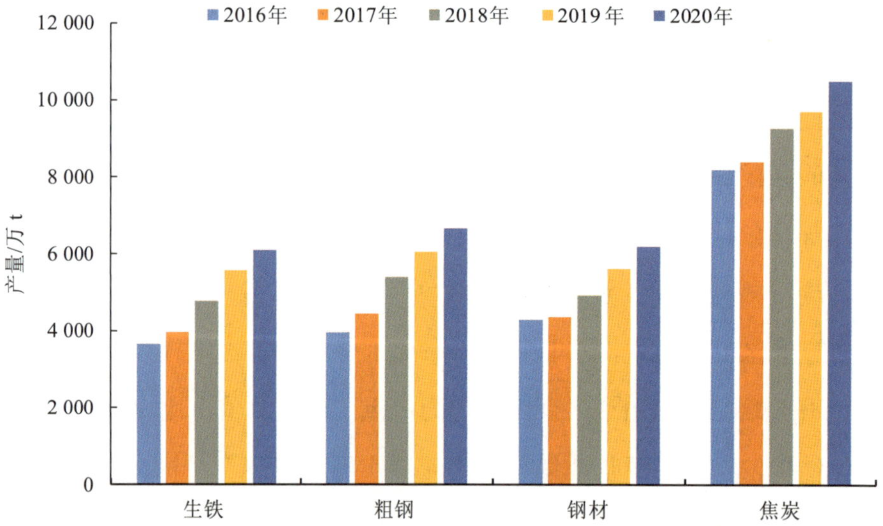

图2-3 “十三五”时期山西省焦炭等主要工业产品产能变化情况

黄河流域高技术和战略性新兴产业发展滞后，面临新旧动能转换接续不力的严峻挑战。2018年，陕西、河南两省高技术制造业增加值占规模以上工业增加值的比重分别为9.7%和10%，低于全国平均水平4.2个百分点和3.9个百分点。世界主要发达国家和我国沿海发达地区蓬勃发展的新一代信息技术、高端装备、生物科学、人工智能等新兴产业在黄河流域总体上还处于起步或萌芽阶段。与粤、苏、京、沪等发达地区相比，除山东外，黄河流域其他省（区）能够开展相关业务的公司数量较少，而且现有新兴产业领域的企业也多以集成应用为主，基础理论和应用研究水平较低，大部分新兴产业链龙头企业规模较小，缺乏具有行业领先水平的头部企业和领军企业。

2.1.2　能源结构现状和问题

（1）黄河流域能源结构调整现状

黄河流域是我国最重要的能源基地之一。黄河流域又被称为“能源流域”，化石能源资源和水电、风电、光伏等可再生能源丰富，是我国重要的能源供应基地、能源化工和基本原材料基地。根据《全国国土规划纲要（2016—2030 年）》《能源发展战略行动计划（2014—2020 年）》等文件的规划布局，我国重点建设的 14 个亿吨级大型煤炭基地中有 8 个坐落于黄河流域及附近地区；我国重点建设的 9 个千万千瓦级大型煤电基地中，有 6 个坐落于黄河流域（分别在鄂尔多斯、晋北、晋中、晋东、陕北、宁东）；[19] 我国目前产煤规模最大的 3 个省（区）（内蒙古、山西和陕西）皆位于黄河流域内。内蒙古西部是我国 9 个大型现代风电基地以及配套送出工程建设地之一，我国 19 个光伏发电领跑基地有 50%以上位于或紧邻黄河流域，黄河上游水电基地和黄河中游水电基地早在 20 世纪 80 年代就被列为我国十三大水电基地。全流域煤炭储量 1 881 亿 t，占全国的 75%；天然气储量 20 203.4 亿 m^3，占全国的 37.2%；石油储量 119 542.5 亿 t，占全国的 34%。[20]

黄河流域各省（区）能耗、能源生产和消费情况不同。总体来看，流域上游地区以大型水电开发为主，中游地区煤炭资源富集，下游地区石油资源丰富。能源供需平衡方面，黄河流域中上游地区能源生产总量远大于能源消费总量（2.1 倍），是我国重要的能源对外输出地区。青海、内蒙古、陕西、山西为能源生产主导型地区，即能源生产总量大于能源消费总量；甘肃、宁夏、四川、河南、山东为能源消费主导型地区，即能源生产总量小于能源消费总量。2019 年，除四川、河南外，黄河流域 7 省（区）的单位 GDP 能耗普遍高于全国平均水平（0.49 t 标准煤/万元），青海、宁夏、内蒙古、山西的单位 GDP 能耗达到全国平均水平的 2 倍以上（表 2-4）。

表 2-4　黄河流域各省（区）2019 年能耗、能源生产和消费情况[21]

全国/省（区）	单位 GDP 能耗/（t 标准煤/万元）	类型	总量/万 t 标准煤	能源生产-能源消费	能源构成/%			
					原煤/煤炭	原油/石油	天然气	一次电力及其他能源
全国	0.49	能源生产	397 000	－	68.6	6.9	5.7	18.8
		能源消费	487 000		57.5	18.9	8.1	15.3
青海	1.43	能源生产	4 542	＋	20.0	7.2	18.7	54.1
		能源消费	4 235		29.2	10.9	16.4	43.6
甘肃	0.90	能源生产	6 395	－	39.5	20.2	0.3	40.0
		能源消费	7 818		52.4	15.5	5.3	26.8
宁夏	2.18	能源生产	5 255	－	92.5	0	0	7.5
		能源消费	8 167		88.6	3.5	3.7	4.2
内蒙古	1.16	能源生产	54 620	＋	90.5	0.3	5.2	4.0
		能源消费	19 915		79.9	7.0	2.3	10.8
四川	0.35	能源生产	13 135	－	20.1	0.1	44.7	35.1
		能源消费	16 382		35.9	23.7	20.7	19.7
陕西	0.52	能源生产	56 782	＋	78.7	8.9	10.5	1.9
		能源消费	13 478		72.7	7.7	11.4	8.2
山西	1.03	能源生产	75 663	＋	97.4	0	1.0	1.6
		能源消费	17 473		32.8	6.9	21.5	38.8
河南	0.41	能源生产	10 304	－	82.3	3.5	0.4	13.8
		能源消费	22 300		67.4	15.7	6.1	10.7
山东	0.58	能源生产	13 500	－	57.9	23.6	0.4	18.1
		能源消费	41 390		67.3	15.5	5.0	12.2

基本形成了煤、油、气、电、核、新能源和可再生能源多轮驱动的能源生产体系。“十三五”时期，宁夏、内蒙古、陕西、山西、河南 5 省（区）的原煤占一次能源生产总量的比重高于 75%，均高于全国的原煤占比（2016 年和 2019 年分别为 69.8%和 68.6%），对于除青海、四川外的其他省（区）来说，煤炭仍是保障其能源

供应的基础能源（图 2-4）。青海、四川两省的清洁能源（天然气和非化石能源）占一次能源生产总量的比重较高，且“十三五”时期有所增加，分别由 71%、62.7%增加到 72.8%、79.8%。

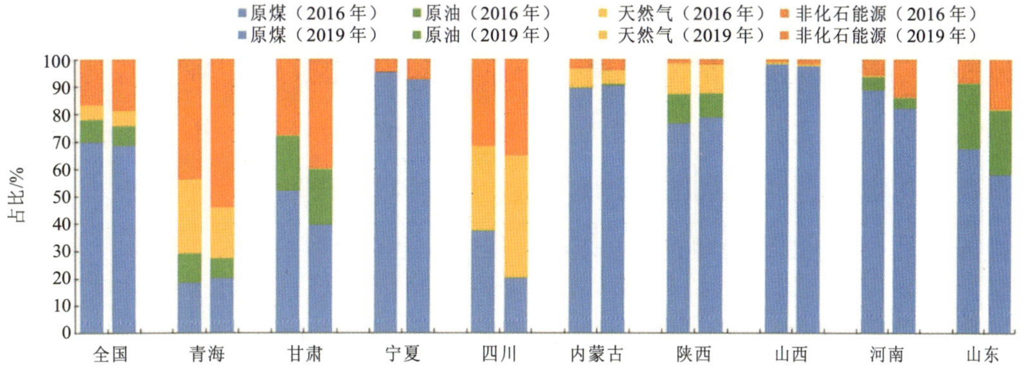

图 2-4　黄河流域各省（区）能源生产结构（2016 年和 2019 年）

能源消费结构向清洁、高效、低碳的方向发展。“十三五”时期，黄河流域各地区单位 GDP 能耗有所降低，原煤占能源消费总量的比重呈下降趋势，能源利用效率提高，能源消费结构优化取得成效。9 省（区）的天然气和非化石能源占能源消费总量的比重都有所增加，其中青海省的非化石能源在能源消费总量中的比重从 2016 年的 31.5%增加到 2019 年的 43.6%，山西省从 33%增加到 38.8%，山东省从 6.98%增加到 12.19%，增加幅度较大（图 2-5）。

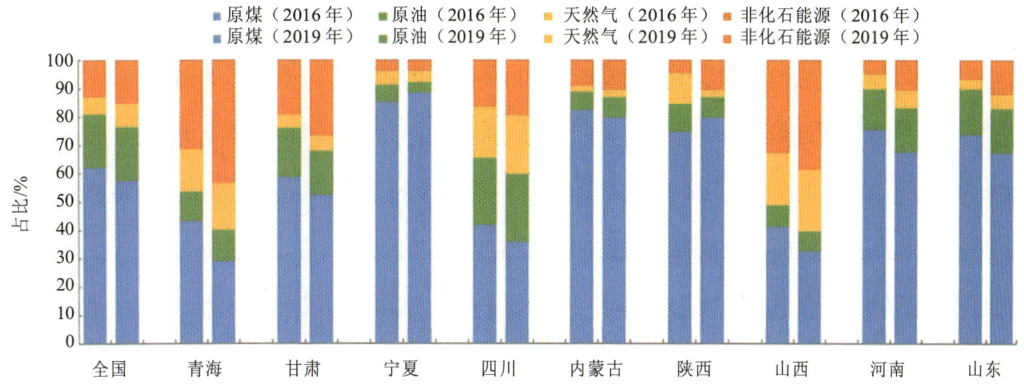

图 2-5　黄河流域各省（区）能源消费结构（2016 年和 2019 年）

黄河流域装机规模快速发展。电力产业方面，黄河流域地区依托当地资源禀赋和发展基础，在装机规模上得到了快速发展，2019 年各地区合计年装机总量占全国装机总量的 35.6%。流域内火电和水电电厂的分布较为集中，火电电厂主要集中在黄河流域中下游地区，水电电厂集中在黄河上游地区和北干流地区，风电和太阳能发电电厂近年来迅速扩散，呈分散式分布特征。[22] 上游青海等地区凭借当地丰富的水、风、光资源，可再生能源得到快速发展，清洁化特征突出。内蒙古、宁夏和山西因煤炭资源丰富，火电装机规模较大，电能以外送为主。而河南、山东等省电力需求大，火电占比相对较高，以电力集中就地消纳为主（表 2-5）。

表 2-5 黄河流域各省（区）发电装机情况[23]

省（区）	装机总量/万 kW	水电/%	火电/%	风电/%	光伏/%
青海	3 168	38	12	15	35
甘肃	5 268	18	39	25	18
宁夏	5 296	1	61	21	17
四川	5 915	71	21	5	3
内蒙古	13 049	2	67	23	8
陕西	6 242	6	70	9	15
山西	9 249	2	72	14	12
河南	9 306	4	76	9	11
山东	14 044	1	77	10	12

（2）黄河流域能源结构调整发展中存在的问题

一是能源生产和消费结构亟待转型升级。黄河流域煤炭生产和消费占比高，全流域能源结构依然偏重且缺乏有效调整措施，煤炭采选、煤化工、钢铁、有色金属冶炼及压延加工等企业较多。电力结构中，流域火电装机占比高达 66%，低碳减排任务较重。近年来，在承接东部地区产业转移的过程中，流域多数省（区）低碳转型仍显不够，清洁能源发展空间较大，需在“双碳”目标约束下，持续推动能源结构转型升级。

二是能源发展与水资源刚性约束的矛盾突出。黄河流域目前水资源总量约为

$700\times10^8\ m^3$，与长江流域 $9\ 600\times10^8\ m^3$ 的资源量差距非常大，人均水资源占有量仅为全国平均水平的 23%，地表水开发利用率已高达 80%，远超 40%的生态警戒线，特别是宁夏、内蒙古、山东等省（区）超计划用水严重。[24] 能源产业特别是煤炭开采耗水量巨大，据推算，每开采 1 t 煤炭将破坏 $2.54\ m^3$ 地下水资源。以主要位于内蒙古的神东和蒙东基地为例，以两个基地 2015 年煤炭开采量（10.4×10^8 t）进行估算，将破坏 $26.4\times10^8\ m^3$ 地下水资源，接近内蒙古地下水资源总量（$139.35\times10^8\ m^3$）的 1/5。现阶段，黄河流域多地仍在建或拟建多个高耗水的煤化工项目，虽然大型企业循环用水已初显成效，但小而散的企业用水方式仍然较为粗放。初步估计，即使在全面强化节水的要求下，到 2030 年黄河流域缺水仍将高达 $138\times10^8\ m^3$。

三是能源资源开发利用与生态环保约束的矛盾突出。黄河流域分布有多个重要的能源重化工基地与煤炭消费基地，以能源基础性原材料为主的工业结构和以煤炭为主的能源消费结构导致人口密集区的灰尘、颗粒物污染严重，大气质量较差，城市水体、湖泊和内陆河水污染较重，局部地区重金属累积性风险加大，尤其在黄河中上游地区部分河段已经完全丧失生态功能，资源环境承载力已经处于严重过载状态。此外，流域范围内煤炭矿区面积总计接近 $4\times10^4\ km^2$，约占全国的 60%，众多采煤沉陷区生态恢复任务艰巨。

2.1.3　交通结构现状和问题

（1）黄河流域交通结构调整现状

黄河流域在全国经济发展格局中具有重要地位，同时是全球变暖的重要典型区域。交通运输行业制约着区域生态效益、对外开放水平和高质量发展进程。当前黄河流域处在互联互通和全面开放的新格局中，区域间往来日益频繁将继续释放大量物流交通需求。2018 年 9 月颁布的《推进运输结构调整三年行动计划（2018—2020 年）》中提到要加快实施《“十三五”现代综合交通运输体系发展规划》《铁路“十三五”发展规划》和《中长期铁路网规划》，加快重点干线铁路项目建设进度，加快蒙华、京原、黄大等连接西部与华中、华北地区干线铁路建设和改造，提升瓦日、邯黄等既有铁路综合利用效率，实施铁路干线主要编组站设备设施改造扩能，缓解部分区段货运能力紧张，提升路网运输能力。统筹优化沿海和内河集装箱、煤炭、矿石、原油、液化天然气、商品汽车等专业运输系统布局，提升水运设施专业化水平。2021 年 12 月，国务院办公厅发布的《推进多式联运发展优化调整运输结构工作方案（2021—2025 年）》提出，到 2025 年，重点区域运输结构显著优化，京津冀及周边地区、长三角地区、粤港澳大湾区等沿海主要港口利用疏港铁路、水路、封闭式皮带廊道、新能源汽车运输大宗货物的比例力争达到 80%；晋陕蒙煤炭主产区大型工矿企业中长距离运输的煤炭和焦煤中，铁路运输比例力争达到 90%。

黄河流域交通运输网是我国重要的运输网络，交通运输以铁路运输和公路运输为主。从运输线路长度来看，根据《中国统计年鉴》，2020 年黄河流域的铁路运输里程在全国的占比为 37.27%，公路运输里程在全国的占比为 33.95%，内河航道里程在全国的占比为 14.98%（图 2-6）。

从客运量来看，根据《中国统计年鉴》，2020 年黄河流域的铁路客运量在全国的占比为 24.10%，公路客运量在全国的占比为 25.64%，水运客运量在全国的占比为 15.92%（图 2-7）。

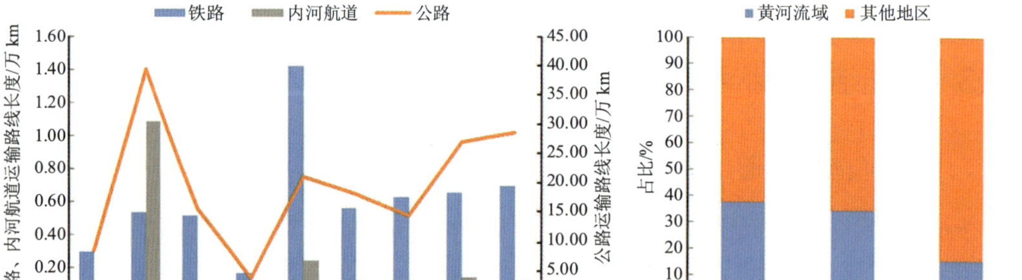

图 2-6　2020 年黄河流域各省（区）运输路线长度

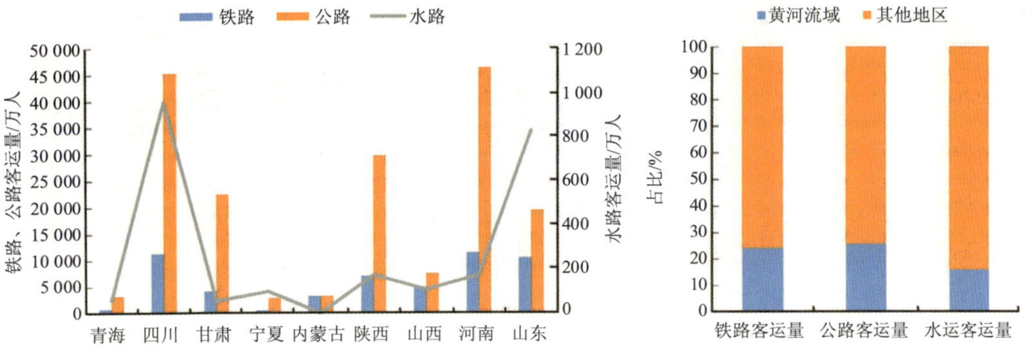

图 2-7　2020 年黄河流域各省（区）客运量

从货运量来看，根据《中国统计年鉴》，2020 年黄河流域的铁路货运量在全国的占比为 56.87%，公路货运量在全国的占比 30.59%，水运货运量在全国的占比为 5.26%（图 2-8）。

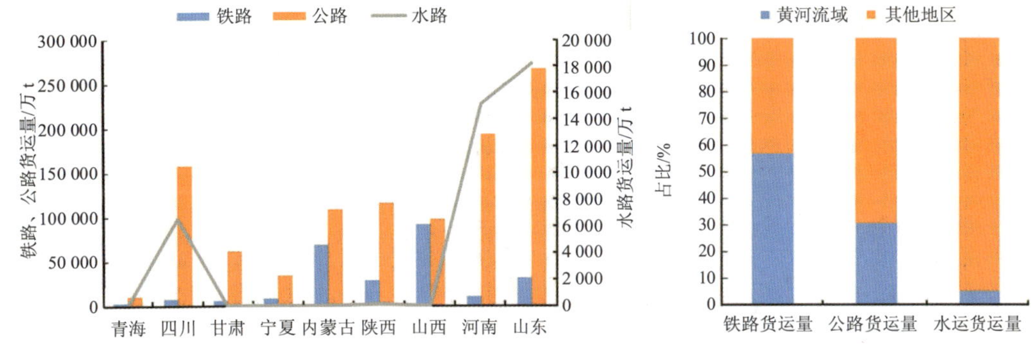

图 2-8　2020 年黄河流域各省（区）货运量

从民用汽车拥有量来看，根据《中国统计年鉴》，2020 年黄河流域各省（区）民用汽车拥有量在全国汽车拥有量的占比为 30.61%，其中载客汽车在全国的占比为 30.50%，载货汽车在全国的占比为 31.53%，其他汽车在全国的占比为 37.97%（图 2-9）。

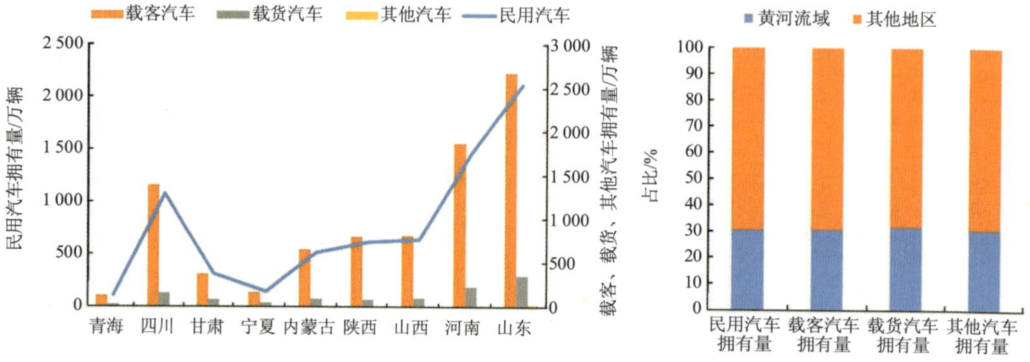

图 2-9 2020 年黄河流域各省（区）民用汽车拥有量

从公路营运汽车拥有量来看，根据《中国统计年鉴》，2020 年黄河流域各省（区）公路营运汽车拥有量占全国汽车拥有量的 33.39%，其中载客汽车在全国的占比为 26.53%，载货汽车在全国的占比为 33.77%（图 2-10）。

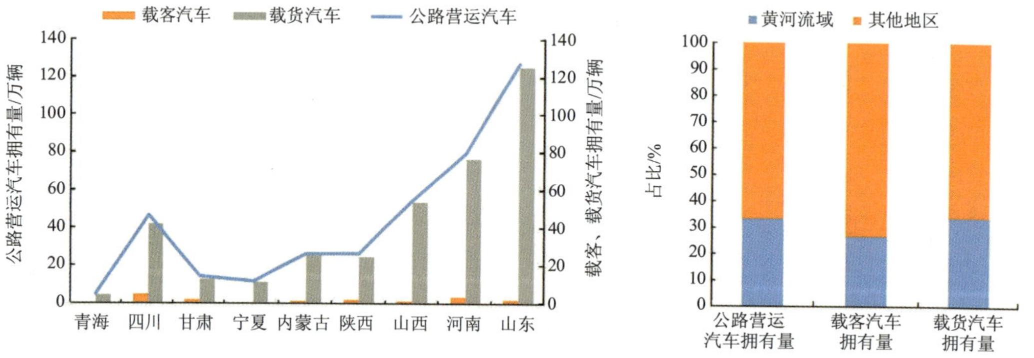

图 2-10 2020 年黄河流域各省（区）公路营运汽车拥有量

综合运输里程、客运量、货运量和汽车拥有量来看，黄河流域以铁路运输和公路运输为主，水路运输则较为落后。黄河流域铁路运输和公路运输主要是进行货物运输，其中铁路里程占全国总铁路里程的 1/3，并且承担了全国 50%以上的货物运输量，说明黄河流域是我国铁路货物运输的重点区域。与公路运输相比，铁路货运量和客运量都远低于公路运输量，并且公路营运汽车中载货汽车要高于载客汽车，说明黄河还是以公路运输为主，“公转铁”仍然存在较大的发展空间。

（2）黄河流域交通结构调整发展中存在的问题

交通运输作为基础性、先导性产业，必须在打通“大动脉”、畅通“微循环”中当好“先行官”，必须向短板要项目，以项目补短板，促进交通运输事业高质量发展。目前，黄河流域交通结构仍然存在一些问题。一是交通综合规划设计还不完善，路网总量不足，结构尚未优化，质量不高，专业化程度低。二是由于受黄河的地理环境等因素限制，黄河流域无法形成发达的内河航运网络，内河航道里程、水运客运量和水运货运量都远低于铁路运输和公路运输。三是土地、资金及征地拆迁和环境保障工作尚不充分，交通运输的要素尚未得到保障。四是智慧交通建设，扁平化、网格化智能管理体系的建立还不完善，道路运输结构调整，道路运输结构性、制度性、管理性降本增效，资源外运“公转铁”亟须进一步加强。

2.2　低碳发展政策现状评估

2.2.1　促进产业结构调整的低碳发展政策

水资源刚性约束推动黄河流域高质量发展。黄河流域水资源极度短缺，水资源总量仅占全国的 2%，现开发利用程度已接近其极限，这成为流域及相关地区经济社会可持续发展和良好生态环境维持的最大制约和短板。国务院于 1987 年批准实施了《黄河可供水量分配方案》（“87”分水方案）。按照《关于加强黄河取水许可总量控制细化工作的通知》（黄水调〔2008〕8 号）的要求，水利部黄河水利委员会组织完成了黄河流域水量分配指标细化研究工作，并得到流域内大部分省（区）的认可，基本上完成了将省（区）分水指标细分到地级行政区的工作。2008 年在第二次黄河流域水资源及其开发利用调查评价的基础上，编制完成了黄河流域水资源综合规划，分三个阶段拟定了黄河流域水资源配置方案，成果纳入《全国水资源综合规划（2010—2030 年）》。2012 年 10 月，水利部黄河水利委员会开展了黄河流域用水总量控制指标制定工作，在“87”分水方案、黄河流域水资源综合规划等成果的基础上，确定2020年、2030年黄河流域各省级行政区取用水总量控制指标，并明确相应的水资源消耗量指标，为实行最严格的水资源管理制度提供依据。2021年4月，水利部对《黄河保护立法草案（征求意见稿）》公开征求意见，该草案第七条明确提出，“国家在黄河流域实施水资源刚性约束制度，以水定城、以水定地、以水定人、以水定产，把水资源作为最大刚性约束条件，优化国土空间开发格局，促进人口和城市科学合理布局，构建与水资源承载力相适应的现代产业体系，推动黄河流域生态保护和高质量发展”。2021年10月，中共中央、国务院印发了《黄河流域生态保护和高质量发展规划纲要》，在第六章第一节“强化水资源刚性约束”中再次明确，“在规划编制、政策制定、生产力布局中坚持节水优先，细化实化以水定城、以水定地、以水定人、以水定产举措。开展黄河流域水资源承载力综合评估，建立水资源承载力分区管控体系。实行水资源消耗总量和强度双控，暂停水资源超载地区新增取水许可，严格限制水资源严重短缺地区城市发展规模、高耗水项目建设和大规模种树。”“将节水作为约束性指标纳入当地党政领导班子和领导干部政绩考核范围，坚决抑制不合理用水需求，坚决遏制‘造湖大跃进’，建立排查整治各类人造水面景观长效机制，严把引黄调蓄项目准入关。”

构建空间管控体系助推黄河流域优化产业布局。一是黄河流域9省（区）全部完成“三线一单”编制工作。2017年以来，按照“国家指导、省级编制、地市落地”的模式，生态环境部组织各省（区、市）分两个梯队开展“生态保护红线、环境质量底线、资源利用上线和生态环境准入清单”（“三线一单”）编制工作，明确黄河流域重大生态环境问题以及流域生态环境管控的总体目标和管控方向，逐省梳理黄河9省（区）重点区域的功能定位、主要问题和管控建议，并提出流域“三线一单”编制的协调对接工作机制要求，全力推动编制成果在省级层面的协调统一。截至2020年年底，黄河流域9省（区）“三线一单”生态环境分区管控成果均已正式发布。二是黄河流域各省（区）积极推进国土空间规划编制工作。目前，黄河流域各省（区）均已开展黄河流域国土空间规划编制工作。2020年6月，青海省自然资源厅组织编制的《黄河青海流域国土空间规划（2020—2035 年）》通过评审。河南省积极推进《河南省黄河流域国土空间开发保护战略和制度研究报告》和《河南省黄河干流国土空间概念性规划》编制工作。此外，自然资源部全力支持国家重大区域战略实施，已启动《黄河流域国土空间规划（2020—2035 年）》编制工作，支持实施黄河流域 8 个山水林田湖草生态保护修复工程试点，助力黄河流域生态保护和高质量发展。

黄河中上游能源化工区的战略环评优化黄河流域重点产业战略发展格局。生态环境部五大区域战略环评始于 2009 年年初，包括环渤海沿海地区、海峡西岸经济区、北部湾经济区沿海、成渝经济区和黄河中上游能源化工区，涵盖 15 个省（区、市）的 67 个地级市和 37 个县（区），覆盖国土面积 111 万 km^2，经济总量占全国的 1/5，涉及石化、能源、冶金、装备制造等 10 多个重点行业，是目前为止涉及地域范围最大、行业范围最广的战略环评。其中对黄河中上游能源化工区重点产业发展的战略环评，就结合黄河中上游生态区位极其重要、生态环境极度脆弱的特点，创新性地提出了“保障黄河流域重要生态安全廊道功能”和“构筑华北地区生态防线”的战略思想。根据区域的煤炭资源分布及资源环境禀赋，提出了“一体四翼”的重点产业战略发展格局，即以河套内新兴产业区（包括鄂尔多斯市和榆林市等）为“一体”，重点布局国家级能源基地，大规模发展煤炭开采、电力、煤焦化、焦油深加工及新型煤化工等产业；汾河流域产业区（包括吕梁市、临汾市和运城市等）为“东翼”，布局发展煤电、煤化工及冶金产业等；渭河流域产业区（包括宝鸡市、咸阳市和渭南市等）为“南翼”，布局发展煤炭开采和新型煤化工等产业；包头及周边地区（指巴彦淖尔市东部）为“北翼”，布局发展钢铁、铝业、装备制造、电力、煤化工和稀土等产业；黄河上游产业区（包括中卫市、吴忠市、阿拉善盟、石嘴山市、乌海市、银川市和巴彦淖尔市等）为“西翼”，布局发展煤焦化等传统煤化工产业，其中“一体”为能源重化工产业核心发展区域。

碳排放环境影响评价试点工作推动构建黄河流域低碳发展格局。实施碳排放环境影响评价，推动污染物和碳排放评价管理统筹融合，是促进应对气候变化与环境治理协同增效、实现固定污染源减污降碳源头管控的重要抓手和有效途径。2021 年 7 月，生态环境部印发《关于开展重点行业建设项目碳排放环境影响评价试点的通知》，在河北、吉林、浙江、山东、广东、重庆、陕西等地开展试点工作，试点行业为电力、钢铁、建材、有色金属、石化和化工等重点行业。其中涉及黄河流域的包括山东（试点行业：钢铁、化工）和陕西（试点行业：煤化工）2 个省。2021 年 6 月，山东省人民政府办公厅印发的《关于加强“两高”项目管理的通知》（鲁政办字〔2021〕57 号）明确提出，在化工、钢铁等行业开展“两高”项目碳排放环境影响评价试点，支持鼓励各市结合本地实际扩大试点行业范围，衔接落实有关区域和行业碳达峰行动方案、清洁能源替代、清洁运输、煤炭消费总量控制等政策要求，统筹开展污染物和碳排放的源项识别、源强核算、减污降碳措施可行性论证及方案比选，提出协同控制最优方案。指导推动在济南市和青岛市实施减污降碳协同治理试点，在东营市试点碳捕集、封存、综合利用示范工程。2021 年 8 月，陕西省生态环境厅召开新闻发布会介绍“推动减污降碳协同增效，助力全省经济高质量发展”相关情况，提出“在煤化工行业试点的基础上同步开展煤电行业试点工作，陕西计划用 1 年时间完成碳排放评价试点工作，通过将碳排放纳入环境影响评价体系衔接落实有关区域和行业碳达峰行动方案、清洁能源替代、清洁运输、煤炭消费总量控制等政策要求，力争形成碳排放评价可复制推广的经验，为建立碳排放环境影响评价体系奠定工作基础，推动陕西碳达峰碳中和工作”。

绿色税制助力黄河流域生态保护和高质量发展。近年来，税务部门坚持以生态优先、绿色发展为导向，逐步建立并持续完善“独立税种调节+税制要素引导+税收政策辅助”的绿色税制体系，助力黄河流域生态保护和高质量发展。一是环境保护税激励高能耗企业向绿色企业转型。“多排多缴、少排少缴、不排不缴”的环境保护税，推动了企业向“绿色、生态、健康、循环利用”转型，绿色税制下传统高能耗企业迎来绿色转型，实现了技术升级发展和产品质量跨越提升。据统计，2020 年黄河流域各省（区）纳税人申报的主要大气污染物二氧化硫、氮氧化物排放量分别下降 9.0%、16.2%，主要水污染物化学需氧量、氨氮排放量分别下降 18.1%、16.2%，有近 700 家企业由直接向外排放污染物改为接入管网集中处理。[25] 目前，黄河流域环境保护税税率整体偏低，黄河流域 9 省（区）中青海、内蒙古、甘肃、宁夏、陕西 5 个省（区）大气污染物和水污染物均分别按照最低税率 1.2 元/污染当量和 1.4 元/污染当量执行。二是资源税促进黄河流域各省（区）将资源优势向经济优势转化。黄河流域能源矿产资源丰富，煤炭产量占我国总产量的 70%以上。2020 年 9 月《中华人民共和国资源税法》（以下简称《资源税法》）开始实施，实行鼓励与约束“双向驱动”，既引导企业加大技术研发投入，走绿色发展、安全生产之路，成为促进资源节约集约利用、经济高质量发展的良性“催化剂”，又促进黄河流域各省（区）将资源优势向经济优势转化。按照《财政部　税务总局关于继续执行的资源税优惠政策的公告》的规定，《资源税法》施行 3 年内，对充填开采置换出来的煤炭，资源税减征 50%。山西省西山煤电（集团）有限责任公司是全国最大的炼焦煤生产基地，也是全国首批循环经济试点单位。据了解，近年来，该公司致力于实施矸石充填开采项目，以企业年充填量 60 万 t 测算，预计可享受减税 1 122 万元，在有效治理煤矿采空区、保护地下水、减少地质灾害的同时，很大程度解决了周边村庄的环境污染及搬迁问题。

绿色金融推进黄河流域产业绿色转型。绿色金融作为一种新型工具，具有资源节约和生态友好的天然属性。它以巨大的生态政策红利、海量的资本资金支持和灵活的资源配置能力，正在成为推动黄河流域产业绿色升级的重要引擎，为黄河流域产业绿色转型提供了新的路径。一是具有创造生态产业化新业态、新模式的功效。二是为黄河流域产业绿色升级提供资金和金融服务支持。目前，黄河流域各省（区）已经开始探索利用绿色金融产品促进当地社会经济发展。沿黄流域各省（区、市）结合自身产业发展定位，在绿色金融制度创新中做出了一些尝试，但绿色金融在促进黄河流域高质量发展中，还存在一些制度缺陷，具体表现在：绿色金融顶层制度体系亟待进一步完善；绿色金融跨区域合作机制尚未建立；贯穿全流域的一体化绿色金融市场尚未形成；黄河流域绿色金融缺乏统一的监管主体。

生态补偿机制助力黄河流域实现高质量发展。黄河流域主要问题是水源涵养、水土保持、生态修复保护问题。为了解决这些问题，在原环境保护部、财政部等的推动引导下，以及地方基于需求的自发探索推进下，黄河流域生态补偿在三江源水源涵养区、陕甘渭河跨省流域上下游、沿黄 9 省（区）重点生态功能区以及省内流域等开展了一些实践。青海省人民政府在2010年就印发了《关于探索建立三江源生态补偿机制的若干意见》，旨在加大水源涵养区保护力度。自实施生态补偿机制以来，三江源生态系统逐步改善，重点治理区生态状况好转，草地退化趋势初步遏制。2020 年 4 月，财政部等四部门印发《支持引导黄河全流域建立横向生态补偿机制试点实施方案》，支持引导黄河全流域建立横向生态补偿机制试点，范围包括沿黄 9 省（区）。2021 年 5 月，按照财政部、生态环境部等四部门要求，山东与河南签署《山东省人民政府　河南省人民政府黄河流域（豫鲁段）横向生态保护补偿协议》，在黄河流域率先建立了省际横向生态补偿机制，这是黄河流域首份省际横向生态补偿协议。此外，沿黄 9 省（区）重点生态功能区财政转移支付逐年增加，陕甘两省跨省流域上下游横向生态补偿先行探索，四川、陕西、宁夏、河南、山东、山西 6 省（区）推进实施省内流域生态补偿制度。

2.2.2　促进能源结构调整的低碳发展政策

“十三五”时期，黄河流域促进能源结构调整的低碳政策扎实推进，各地区积极利用多项政策手段调整优化能源结构，持续加强和完善节能减排工作，扎实推进减煤替代和电能替代等工作，激发节能减排的内生动力，实现能源清洁高效利用，节能降耗取得显著成效。黄河流域促进能源结构调整的低碳发展政策执行水平、进展与成效、关键问题梳理见表 2-6。

表 2-6　黄河流域促进能源结构调整的低碳发展政策执行水平、进展与成效及关键问题

政策类型	政策执行水平（良好、一般、较差）	进展与成效	关键问题
煤炭消费减量替代	一般	❖ 多省（区）不断完善和细化煤炭消费减量替代工作方案，多省（区）煤炭消费总量整体呈下降趋势 ❖ 各试点城市均制定了清洁取暖补贴政策，以“煤改气”和“煤改电”补贴政策为主	❖ 在补贴政策面临退坡的情况下，存在煤炭消费量反弹现象，散煤清洁化替代滞后
环境权益交易	一般	❖ 河南、四川开展用能权有偿使用和交易制度试点工作 ❖ 山东碳市场服务中心启动，首批发电行业 338 家企业全部上线，数量位居全国第一 ❖ 积极推进水权交易平台、制度建设	❖ 用能权交易量和交易规模并不大 ❖ 各省（区）碳排放权交易发展整体滞后，缺乏相应的政策文件 ❖ 水权交易市场建设总体上仍处于探索阶段，水权市场不成熟
清洁能源价格补贴	良好	❖ 光伏发电上网电价补贴标准逐年降低 ❖ 陆上风电上网电价下调速度加快，落实《能源发展战略行动计划（2014—2020 年）》	❖ 能源定价机制尚未完全市场化 ❖ 清洁能源同传统化石能源相比，仍具有成本高、用户承受力弱等问题
绿色电价	良好	❖ 9 省（区）燃煤发电企业上网电价中已形成了较为完整的环保电价体系 ❖ 行业绿色电价政策改革促使企业能耗指标降低，推动了碳排放强度下降和行业低碳高质量发展	❖ 超低排放环保电价政策存在监测技术规范缺失、监测设备技术性能稳定性有待提高等问题 ❖ 缺乏清洁能源跨省跨区消纳的政策和电价机制

（1）煤炭减量替代相关政策

积极推动煤炭消费减量替代相关政策。“十三五”以来，黄河流域山东、河南、陕西等省不断完善和细化煤炭消费减量替代工作方案，并推动煤炭消费减量替代相关政策的发展与演变，由“减量替代”转变为“禁燃、禁煤”。多省（区）陆续出台了符合自身发展需要的清洁供暖实施方案，分别出台“煤改电”采暖用电价格的文件通知，采取阶梯价格，鼓励叠加峰谷电价等措施，切实降低居民“煤改电”用电成本。汾渭平原各地区扎实做好清洁取暖，大力推进散煤治理。2019 年采暖季

前，汾渭平原完成散煤治理 198 万户，其中山西省 60 万户、河南省 30 万户、陕西省 108 万户。山东、河南等地区清洁能源有效供给不断增加，终端用能清洁化水平持续提升，煤炭消费总量整体呈下降趋势。以河南省为例，2019 年煤炭消费比重降至 70%以下，油气消费比重持续提升，非化石能源消费比重达到 8.5%左右。2020 年，河南省郑州市实现全市非电燃煤锅炉“清零”。

中央财政资金大力支持清洁取暖。2018 年新增 23 个试点城市，试点范围扩展至京津冀及周边地区大气污染防治传输通道“2+26”城市、张家口市和汾渭平原城市。黄河流域各试点城市均制定了清洁取暖补贴政策，以“煤改气”和“煤改电”补贴政策为主，包括设备补贴和运行补贴。河南省郑州、安阳、焦作等 17 个省辖市先后出台居民“煤改电”设备购置和电价补贴政策，设备购置最高补贴 3 500 元，电价补贴 0.1～0.4 元/（kW·h）。山东在电费补贴方面，对分户式电采暖居民，采暖期用电按 0.2 元/（kW·h）的标准进行补贴，每年最高补贴 1 200 元。截至 2019 年年底，山东省累计完成了 62.43 万户的“煤改电”。山西省对采暖“煤改电”居民用户执行居民用电峰谷分时电价政策，每个采暖期对每户补贴谷期电价最高补贴 2 400 元，晋城市设备购置费用补贴达到 6 500 元/户（表 2-7、表 2-8）。

表 2-7 黄河流域部分城市“煤改电”补贴政策

省	市	用电补贴	设备补贴
河南	鹤壁、安阳	每户按 0.2 元/kW·h 标准补贴，每户不超过 600 元	每户最高补贴 600 元，补贴 60%，每户不超过 3 500 元（安阳）
	开封	每户按 0.3 元/kW·h 标准补贴，每户不超过 900 元	补贴 70%，每户最高不超过 2 000 元
	新乡	每户按 0.2 元/kW·h 标准补贴，每户不超过 600 元	补贴 70%，每户不超过 3 500 元
	郑州	每户按 0.3 元/kW·h 标准补贴，每户不超过 900 元	每户不超过 2 000 元
	焦作	月使用量超过 80 kW·h 以上的用户，补贴 0.4 元/（kW·h），每户最高补贴 1 000 元	—
山东	德州	每个采暖季 1 000 元/户，年用电量超出 4 800 kW·h 的部分，暂不执行第三档电价	4 000 元/户
	济宁	用户出资 1 500 元稳定自费基数，超出部分补贴 50%	—
	聊城	自愿选择执行居民峰谷分时电价	补贴 50%，不超过 4 000 元/户
	淄博	每户按 0.2 元/（kW·h）标准补贴。每户每年最高补贴 1 200 元	蓄热室电采暖补贴 85%，每户最高 5 700 元

省	市	用电补贴	设备补贴
山东	滨州	年用电量超出 4 800 kW·h 的部分，暂不执行第三档用电价格	供热主管网和村（居）内换热站建设补贴 2 000 元/户，供热管网建设补贴 2 000 元/户，室内暖气片等散热设施的购置安装，补贴 1 000 元/户
	济南	每户按 0.2 元/kW·h 的标准补贴，每户每年最高 1 200 元。年用电量超出 4 800 kW·h 的部分，暂不执行第三档用电价格	电采暖设备补贴 2 000 元/户。供热企业按 0.5 元/kW·h、谷电 0.25 元/kW·h 的标准结算，供热企业形成的亏损经第三方审计后予以补贴
山西	晋城	每户按 0.2 元/kW·h 的标准补贴，最高 2 400 元	不超过 2 万元/户
	长治	每户按 0.2 元/kW·h 的标准补贴，最高 2 400 元	空气源热泵、发热地板、电壁挂炉、电锅炉等设备每户补贴不超过 2 万元
	阳泉	每户 1 万 kW·h 用电量，采暖季夜间谷期电价补贴 0.1 元/kW·h	配套电网工程补贴 1 000 元/户；设备购置每户 2 500 元

表 2-8 黄河流域部分城市“煤改气”补贴政策

省	市	设备购置费用补贴	管网、接驳补贴	运营补贴
河南	鹤壁、安阳	补贴 60%，最高 3 500 元（安阳）	—	补贴 1 元/m^3，最多 600 元
	新乡 开封 郑州	补贴 70%，最高 3 500 元（开封、郑州 2 000 元）		补贴 1 元/m^3，最多 900 元（新乡 600 元）
	焦作	—	—	月用气超过 20 m^3 的部分补贴 1 元/m^3，最多 1 000 元
	濮阳	—	—	—
山东	德州	4 000 元/户	—	1 000 元/户
	济宁	户外设备管网、燃气壁挂炉均由政府投资，村民缴纳暖气片的费用		按 1 500 元核定自费基数，超出部分补贴 50%
	菏泽	—	—	—
	聊城	补贴 50%，4 000 元/户	—	居民执行第一阶梯气价（2.1 元/m^3）
	淄博	补贴 70%，最高 2 700 元/户	—	补贴 1 元/m^3，最多 1 200 元
	滨州	2 000 元/户	3 000 元/户	补贴 1 元/m^3，最多 1 200 元。气价执行 2.3 元/m^3
	济南	2 000 元/户	供热企业按 17 元/m^3 与燃气企业结算，亏损经第三方审计后予以补贴	补贴 1 元/m^3，最多 1 200 元
山西	晋城	6 500 元/户		
	长治	最高 3 000 元	5 000 元/户	—
	阳泉	2 000 元/户	1 000 元/户	每户每月 900 m^3 气量，0.5 元/m^3 的气价补贴
	太原	5 000 元/台	3 000 元/户	1 500 元/a

煤炭减量替代相关政策仍面临问题。随着节能技术改造工程的不断深入、煤炭清洁高效利用范围的逐步扩大，煤炭消费减量的空间越来越小，黄河流域地区煤炭消费量有反弹现象，后续压减任务比较艰巨，受一些地区和企业产业结构和煤炭替代成本影响，压减难度较大。目前，煤炭消费指标已成为比土地、资金更为紧张的要素资源，煤炭消费空间不足，严重制约了新旧动能转换重大项目的推进落地。散煤清洁化替代滞后，在补贴政策面临退坡、受疫情影响财政压力加剧的情况下，散煤治理可持续性成隐忧。

（2）环境权益交易政策

河南、四川开展用能权有偿使用和交易制度试点工作。2016 年 7 月，国家发展改革委提出在浙江、河南、福建、四川开展用能权有偿使用和交易制度试点工作。黄河流域地区河南和四川开展用能权有偿使用和交易有利于通过市场化手段减少能源消费量，降低碳排放量。[26] 2018 年 7 月，河南省印发了《河南省用能权有偿使用和交易试点实施方案》，形成了用能权“1+4+N”制度体系，开展重点用能单位能耗数据审核、初始配额分配、交易系统建设等重点工作，将有色金属、化工、钢铁、建材等重点行业年综合耗能 5 000 t 标准煤以上的用能企业纳入试点范围；2019 年，河南省启动用能权交易，规范完善用能权交易市场，提升交易活跃度；2020 年，河南省推动试点履约，开展试点交易效果评估，总结提炼经验，适时扩大实施范围。2018 年 2 月，四川省用能权有偿使用和交易试点工作领导小组办公室印发《四川省用能权有偿使用和交易试点实施方案》，明确了用能权交易的市场主体、确权方法、交易管理等内容；2018 年 11 月，四川省发展改革委印发《四川省用能权有偿使用和交易管理暂行办法》，从用能权的分配、核定、交易、监督管理、法律责任等方面提出了规范措施；2019 年 9 月，四川省用能权交易正式开市。结合碳排放权核查，对 110 家重点用能单位进行能源消费量核查，完成指标分配工作。截至目前，用能权交易量和交易规模并不大。

黄河流域推动碳排放权交易，但发展整体滞后。四川成为除北京、上海、天津、重庆、湖北、广东、深圳、福建 8 个碳排放权交易试点地区之外，全国非试点地区首个拥有国家备案碳交易机构的省份，正式跨入全国碳排放权交易行列，为开展有限区域和边界内的碳排放总量控制积累了丰富的研究基础和实践经验，对碳减排的促进作用逐步显现。2021 年 7 月，全国碳排放权交易市场启动上线交易，全国碳市场第一个履约周期纳入发电行业重点排放单位 2 000 余家，年覆盖约 45 亿 t 二氧化碳排放量。山东碳市场服务中心同步启动，首批发电行业 338 家企业全部上线，上线企业数量位居全国第一，在服务好山东区域碳市场的基础上，进一步谋划创建“全国碳市场黄河流域综合服务平台”，主动为黄河流域内各级政府和控排企业提供服务。在发电行业碳市场健康运行以后，石化、化工、建材、钢铁、有色金属、造纸、民航等行业也将逐步纳入全国碳市场，充分发挥市场机制在控制温室气体排放、促进绿色低碳技术创新、引导气候投融资等方面的重要作用。目前黄河流域 9 省（区）碳排放权交易发展整体滞后，缺乏相应的政策文件，不利于碳排放权交易机制的建立。碳交易市场相关的监管机构、信息共享等都尚需完善。[27]

积极开展水权交易实践探索。黄河流域是我国现代水权制度建设的典范，曾制定了水量分配方案，开展了水量调度，并对水权转换进行了探索。[28] 积极推进水权交易平台、制度建设，内蒙古、宁夏、河南先后成立水权收储转让中心，为推进水权交易搭建了平台。黄河流域根据不同地区水资源供需矛盾特点，在宁蒙地区大力开展以工业企业投资农业灌区节水、有偿取得灌区节约水量的取水权交易；在甘肃、山西等完成灌溉用水户水权确权的灌区，着力推进灌溉用水户、用水小组或者用水协会间的水权交易，有效激活了农业节余水资源在用户间的动态优化调剂；在河南、山东等地，推进实施了南水北调中线受水区区域水权交易，同时，在黄河左右岸、上下游间节余水量短期租赁等方面开展了初步探索。但是，黄河流域水权交易市场建设总体上仍处于探索阶段，水权市场不成熟，仅在部分地区开展了一些政府主导下的水权交易探索，水权交易市场主体准入机制和定价机制尚不完善。[29]

（3）清洁能源价格补贴机制

光伏发电上网电价补贴标准逐年降低。黄河流域落实国家新能源标杆上网电价逐步退坡的要求，合理引导新能源投资，促进光伏发电产业健康有序发展，逐年降低补贴标准。国家发展改革委发布《关于 2020 年光伏发电上网电价政策有关事项的通知》（发改价格〔2020〕511 号），提出自 2020 年 6 月 1 日起，纳入国家财政补贴范围的Ⅰ～Ⅲ类资源区新增集中式光伏电站指导价，分别确定为 0.35 元/kW·h（含税，下同）、0.4 元/kW·h、0.49 元/kW·h；纳入 2020 年财政补贴规模，采用“自发自用、余量上网”模式的工商业分布式光伏发电项目，全发电量补贴标准调整为 0.05 元/kW·h；纳入 2020 年财政补贴规模的户用分布式光伏全发电量补贴标准调整为 0.08 元/kW·h。黄河流域光伏发电上网电价调整走势见图 2-11。黄河流域各地区 2020 年光伏发电上网电价见表 2-9，2020 年指导电价的降幅不同，导致黄河流域Ⅲ类资源区的项目相对更有竞争优势。补贴强度越高的地区，理论电价下降空间越大（不考虑太阳能资源差异）。

黄河流域各省（区）电补贴存在差异。根据 2020 年 6 月最新的指导电价，黄河流域各省（区）的电补贴差异非常大，为–0.001～0.16 元/kW·h，最低值与最高值分别是四川和青海Ⅱ类地区（图 2-12）。如青海Ⅱ类资源区项目，当地不仅太阳能资源好，而且电价下降空间大，在竞价中十分有优势。四川、陕西Ⅱ类、甘肃Ⅰ类、内蒙古Ⅰ类等地区，由于电的补贴强度低，地面电站在 2020 年竞价中入围的概率比较低。

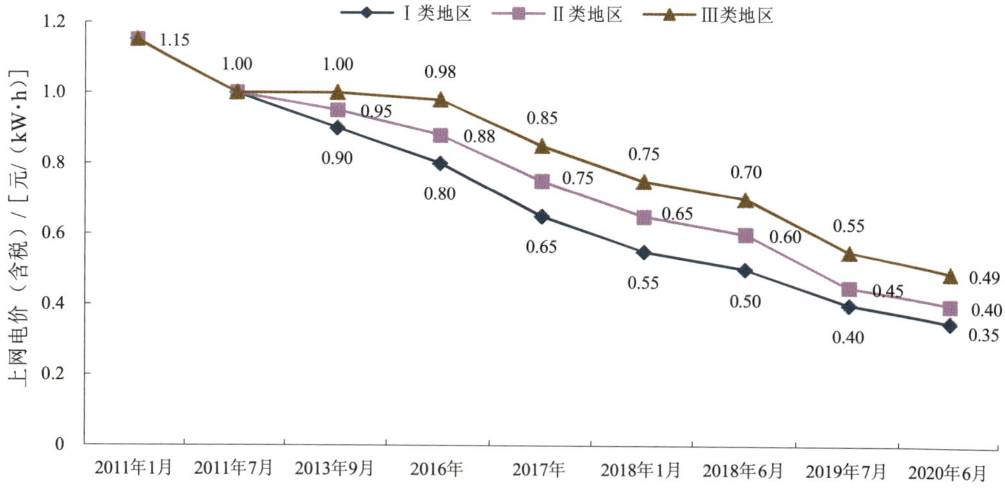

图 2-11　黄河流域光伏发电上网电价调整走势

表 2-9　黄河流域各地区 2020 年光伏发电上网电价　　单位：元/kW·h（含税）

<table>
<tr><th rowspan="2">资源区</th><th colspan="2">光伏电站标杆上网电价</th><th colspan="2">分布式发电的电补贴标准</th><th rowspan="2">各资源区所包括的黄河流域地区</th></tr>
<tr><th>普通电站</th><th>村级光伏扶贫电站</th><th>自发自用、余电上网</th><th>户用光伏项目</th></tr>
<tr><td>Ⅰ类资源区</td><td>0.35</td><td>0.65</td><td rowspan="3">0.05</td><td rowspan="3">0.08</td><td>宁夏，青海海西，甘肃嘉峪关、武威、张掖、酒泉、敦煌、金昌，内蒙古除赤峰、通辽、兴安盟、呼伦贝尔以外的地区</td></tr>
<tr><td>Ⅱ类资源区</td><td>0.40</td><td>0.75</td><td>四川，内蒙古赤峰、通辽、兴安盟、呼伦贝尔，山西大同、朔州、忻州、阳泉，陕西榆林、延安，青海，甘肃除Ⅰ类外的地区</td></tr>
<tr><td>Ⅲ类资源区</td><td>0.49</td><td>0.85</td><td>黄河流域除Ⅰ类、Ⅱ类资源区以外的地区</td></tr>
</table>

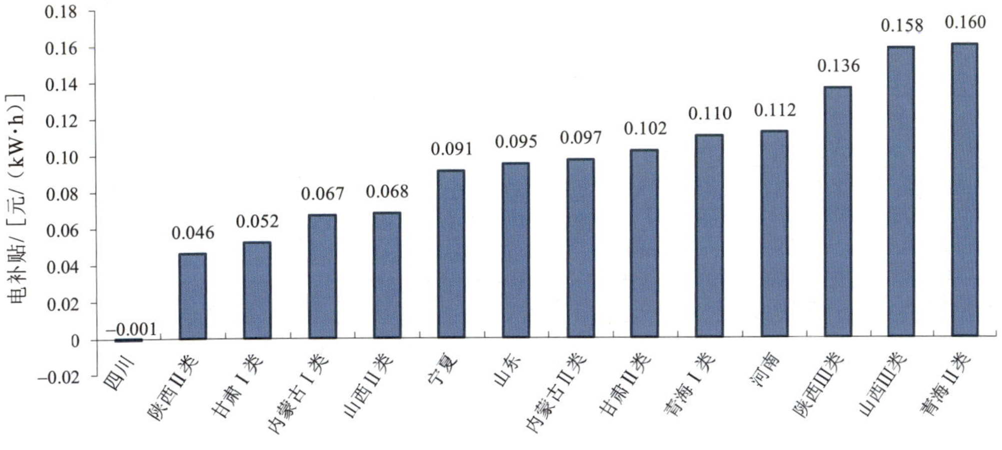

图 2-12　黄河流域地区 2020 年电补贴

陆上风电上网电价下调速度加快。2019 年 5 月，国家发展改革委发布《关于完善风电上网电价政策的通知》（发改价格〔2019〕882 号），将陆上和海上风电项目电价由标杆上网电价调整为指导价，作为企业申报上网电价的上限，标杆上网电价成为历史。黄河流域各地区陆上风电上网电价见表 2-10，陆上风电上网电价下调速度加快，明确 2019 年Ⅰ～Ⅳ类资源区符合规划、纳入财政补贴年度规模管理的新核准陆上风电指导价分别调整为 0.34 元/kW·h、0.39 元/kW·h、0.43 元/kW·h、0.52 元/kW·h，前三类风资源区的电价比 2018 年的风电上网标杆电价下调 0.06 元/kW·h，第四类下调 0.05 元/kW·h；2020 年指导价分别调整为 0.29 元/kW·h、

0.34 元/kW·h、0.38 元/kW·h、0.47 元/kW·h，统一再下调 0.05 元/kW·h。海上风电上网电价适当下调，提出 2019 年符合规划、纳入财政补贴年度规模管理的新核准近海风电指导价调整为 0.8 元/kW·h，较之前的标杆电价下调了 0.05 元/kW·h；2020 年进一步下调 0.05 元/kW·h，调整为 0.75 元/kW·h。此次风电上网电价政策调整，明确了陆上和海上已经核准项目如何继续享受补贴电价，是黄河流域实现《能源发展战略行动计划（2014—2020 年）》中提出“2020 年实现风电与煤电上网电价相当”的平价目标前关键过渡期的重要政策安排，为实现 2021 年陆上风电全面进入平价时代指明了路径，明确了方向，稳定了市场预期。

表 2-10 黄河流域各地区陆上风电上网电价 单位：元/kW·h（含税）

资源区	2019 年新核准陆上风电指导价	2020 年指导价	各资源区所包括的地区
Ⅰ类资源区	0.34	0.29	内蒙古除赤峰市、通辽市、兴安盟、呼伦贝尔市以外的地区
Ⅱ类资源区	0.39	0.34	内蒙古赤峰市、通辽市、兴安盟、呼伦贝尔市，甘肃嘉峪关市、酒泉市
Ⅲ类资源区	0.43	0.38	甘肃除嘉峪关市、酒泉市以外的地区，宁夏
Ⅳ类资源区	0.52	0.47	除Ⅰ类、Ⅱ类、Ⅲ类资源区以外的地区

清洁能源价格补贴机制仍不完善。黄河流域各地区的清洁能源价格补贴机制提高了化石能源的使用成本，促进了清洁利用技术的开发，降低了非化石能源的成本，从价格政策内部改善能源使用结构，实现了价格的“双重红利”。在价格双重红利的推动下，黄河流域化石能源消费所产生的负外部性得以缓解，新能源产业快速发展，能源供给结构得到调整。但是由于能源定价机制尚未完全市场化，各化石能源价格对环境成本反映不尽合理，尤其是能源比价体系的不合理，包括煤电价格倒挂、煤气比价偏低等一定程度上阻碍了清洁能源的替代进程[30]。现阶段新能源和可再生能源等清洁能源同传统化石能源相比，仍存在成本高、用户承受力弱等方面的问题，导致低碳能源供求均衡价格高于高碳能源成本，而对低碳能源的使用不足。

（4）绿色电价政策

形成了较为完整的环保电价体系。早在 2015 年，陕西省发展改革委和省环境保护厅联合印发《关中地区燃煤火电机组超低排放改造实施方案》，全面启动关中地区现役单机 30 万 kW 及以上燃煤机组超低排放改造工作，先于国家提前执行超低排放电价补贴政策。目前，黄河流域 9 省（区）燃煤发电企业上网电价中已形成了较为完整的环保电价体系，推动电力行业大气污染物排放量持续下降。发电企业实施脱硫、脱硝及除尘设施改造的积极性明显提高，有效促进了电厂污染减排目标的实现，带动了清洁能源、非化石能源的开发和发展。超低排放环保电价政策存在超低排放监测技术规范缺失、监测设备技术性能稳定性有待提高，以及监测设备正常运转保证率有待提升等问题。

专栏 2-1　内蒙古环保电价补贴实践

补贴标准：自 2017 年 7 月 1 日起，内蒙古西部电网燃煤发电标杆上网电价提高 0.57 分/kW·h，按 0.282 9 元/kW·h（含税，含脱硫、脱硝和除尘，下同）执行。内蒙古东部电网燃煤发电标杆上网电价不做调整，仍按 0.303 5 元/kW·h 执行。适当缓解与蒙西地区超低排放环保电价的矛盾。疏导超低排放装机容量 386.2 万 kW，超低排放装机容量累计疏导 900 万 kW。

超低排放改造：2017 年，内蒙古超额完成了国家下达的 1 000 万 kW 装机的改造任务，共完成超低排放改造 53 台 2 064 万 kW。其中 30 万 kW 及以上机组共 37 台 1 470 万 kW，30 万 kW 以下机组 8 台 138 万 kW，新建超低排放机组 8 台 456 万 kW。2018 年，内蒙古将继续加大超低排放改造力度，计划完成 400 万 kW 超低排放改造。2018 年年底前，乌海及周边地区所有火电燃煤机组完成超低排放改造。2020 年年底前，全区其他具备改造条件的燃煤电厂全部完成超低排放改造。超低排放改造后，二氧化硫排放浓度（标态）降低到 13 mg/m^3 左右，氮氧化物排放浓度（标态）降低到 40 mg/m^3 左右，烟尘排放浓度（标态）降低到 2 mg/m^3 左右，均优于国家超低排放标准，大大提升了企业环保减排效率，增强市场竞争能力的同时，也为企业积极践行国家节能减排政策和要求、落实“清洁生产，绿色发展”环保理念、为将国家能源集团打造成为清洁高效环保企业奠定了坚实基础。

行业绿色价格改革促进低碳发展。2018 年 6 月，国家发展改革委发布《关于创新和完善促进绿色发展价格机制的意见》（发改价格规〔2018〕943 号），明确指出高耗能行业将实行更严格的差别化电价政策，全面取消对高耗能行业的优待类电价以及其他各种不合理价格优惠政策。黄河流域周边省份陆续推出相关政策，加大差别电价实施力度，对高耗能行业实行更严格的差别化电价政策，建立基于工业领域能耗标准的阶梯电价，对能源消耗超过限额标准的企业实行惩罚性电价，研究建立基于钢铁企业污染物排放绩效的差别化电价政策，推动钢铁、水泥企业超低排放改造。2020 年，山东省发展改革委会同省生态环境厅印发《关于钢铁企业试行超低排放差别化电价政策的通知》（鲁发改价格〔2020〕551 号），山西省生态环境厅等五部门印发《关于钢铁企业试行超低排放差别化电价政策的通知》（晋环大气〔2020〕76 号），河南省生态环境厅会同省发展改革委印发《关于对钢铁、水泥企业试行超低排放差别化电价、水价政策推进环境空气质量持续改善的通知》（豫环文〔2020〕80 号），对钢铁、水泥企业试行超低排放差别化电价政策，强化生态环境政策措施对促进产业升级的正向拉动作用，综合运用价格机制，推动行业高质量发展。行业绿色电价政策改革对相关企业化解产能过剩、加快转型升级、促进技术进步、提高能效水平起到了积极作用，促使企业能耗指标降低，推动了碳排放强度下降和行业低碳高质量发展。

专栏 2-2　山东省积极完善差别化电价政策

山东省发展改革委积极完善差别化电价政策体系，构筑稳固支撑淘汰落后和化解过剩产能电价政策的“四梁八柱”。

建立基于用电设备（工艺）的差别电价政策。对铁合金、电石、烧碱、水泥、钢铁、黄磷、锌冶炼 7 个高耗能行业中限制类、淘汰类的企业，严格执行差别电价政策。已按照政策界限分 5 批甄别公布了 200 家实行差别电价政策的高耗能企业，累计加价电量 9.7 亿 kW·h，促使企业关停或淘汰了落后产能。

建立基于污染物排放的差别电价政策。为推动钢铁行业高质量发展、促进产业转型升级、助力打赢蓝天保卫战，山东将对逾期未完成超低排放改造的钢铁企业实施加价政策，研究建立基于钢铁企业污染物排放绩效的差别化电价政策，推动钢铁企业超低排放改造。

建立基于单位产值能耗的差别电价政策。为切实推进“亩产效益”资源市场化配置改革试点，在建立健全企业分类综合评价机制的基础上，山东正研究开展“亩产效益”评价改革，倒逼企业提升资源要素利用效率。

建立基于单位产品能耗限额的惩罚性电价政策。为确保完成节能减排目标和关停、淘汰落后产能任务，山东对能源消耗超过国家和省规定“单位产品能耗（电耗）限额标准”的企业实行了惩罚性电价政策。截至 2020 年，山东共分 3 批对 38 家企业实行了惩罚性电价政策，全省超能耗限额产能已经达标或退出。

建立基于工业领域能耗标准的阶梯电价政策。山东规定，对电解铝企业根据铝液电解交流电耗实行不同加价政策，对水泥生产线、水泥熟料生产线、水泥粉磨站根据综合电耗、投产时间的不同分别执行阶梯式电价政策，对钢铁企业实行基于粗钢生产主要工序单位产品能耗水平的阶梯电价政策。电价政策出台后，对相关企业化解产能过剩、加快转型升级、促进技术进步、提高能效水平起到了积极作用，企业能耗指标逐年降低。

建立基于能源领域能耗标准的阶梯电价政策。为促进炼化、焦化行业技术进步，提高能源资源利用效率，推动炼化、焦化行业供给侧结构性改革，山东对炼化企业实行基于炼油企业单位能量因数能耗标准的阶梯电价政策，而对焦化企业则实行基于焦炭单位产品能耗标准的阶梯电价政策。

绿色电价政策尚存在问题。现阶段，基于市场的电价形成机制尚未有效形成，而电价政策制定中要特别考虑电价引导投资的功能。黄河流域各省（区）电力资源主要是以省域平衡、就地消纳为主，缺乏清洁能源跨省跨区消纳的政策和电价机制，还存在电源与电网发展不协调，清洁能源外送通道建设滞后等问题，跨省份输电能力亟待加强，需要建立有利于打破省间壁垒、促进清洁能源跨省份消纳的电价机制和清洁能源配额制度。超低排放环保电价政策实施以来，存在超低排放监测技术规范缺失、监测设备技术性能稳定性有待提高以及监测设备正常运转保证率有待提升等问题。

2.2.3 促进交通结构调整的低碳发展政策

（1）“公转铁”相关政策

随着“公转铁”政策持续推进，大宗商品公路运输将逐步转为铁路运输。铁路货运量与经济基本面的关联性正在弱化，铁路与公路货物周转量之和或许是更好反映经济情况的指标。2018 年，交通运输部等部门提出了钢铁、煤炭、矿石等大宗货物运输“公转铁”政策，国务院办公厅发布《推进运输结构调整三年行动计划（2018—2020 年）》，要求以京津冀及周边地区、长三角地区、汾渭平原等区域为主战场，以推进大宗货物运输“公转铁、公转水”为主攻方向。2021 年，国务院办公厅发布了《推进多式联运发展优化调整运输结构工作方案（2021—2025 年）》，提出到 2025 年，多式联运发展水平明显提升，基本形成大宗货物及集装箱中长距离运输以铁路和水路为主的发展格局，全国铁路和水路货运量比 2020 年分别增长 10%和 12%左右，集装箱铁水联运量年均增长 15%以上。

黄河流域 9 省（区）均发布了推进运输结构调整三年行动计划实施方案，进一步优化调整全省运输结构，提高综合运输效率，为打赢蓝天保卫战、打好污染防治攻坚战提供支撑。其中，山西省计划到 2020 年全省重点煤矿企业全部接入铁路专用线；出省煤炭、焦炭、钢铁全部采用铁路运输；省内采用铁路运输比例达到 80%以上；对于铁路专用线无法修建到厂区的工矿企业，必须采用全密闭管廊或全密闭绿色车辆运输。2021 年 12 月，山西省发布《交通强国建设山西省试点实施方案》，确立打造以铁路为主的大宗货物多式联运示范工程，建立“互联网+”高效绿色物流运输组织模式，实现货物运输结构优化升级，更好地服务构建新发展格局的目标。2019 年 3 月，青海省出台《青海省推进运输结构调整实施方案》，西宁、海西两地具有铁路专用线的大型工矿企业和新建物流园区的大宗货物铁路运输比例达到80%以上。2022 年 5 月，青海省发布《青海省推进多式联运发展优化调整运输结构工作实施方案（2021—2025 年）》，计划到 2025 年，全省铁路货运量较 2020 年增长 10%左右，西宁、海西两地具有铁路专用线的大型工矿企业和物流园区，对铁路辐射区域内 500 km 及其以远的大宗货物，铁路发送、到达比例分别达到 85%和 95%以上；生产型企业对铁路辐射区域内 500 km 及其以远的铁路货物发送量，达到产品销售量的 85%以上，全省航空货运量平均增速保持在 10%以上。四川省发布的《四川省推进运输结构调整三年行动计划实施方案》中提到全省多式联运货运量年均增长 20%，重点港口集装箱铁水联运量年均增长 10%以上。《四川省“十四五”综合交通运输发展规划》中提出要加快“公转水”“公转铁”，力争铁路和水运承担货物周转量比例提升 5 个百分点。河南省通过《河南省推进运输结构调整工作实施方案》积极落实国家关于铁路专用线、物流园区、老旧车辆淘汰、新能源汽车推广等方面的支持政策。加大对运输结构调整工作的财政支持力度，统筹使用有关资金，对大宗货物“公转铁、公转水”、标准化车（船）型应用、老旧柴油车淘汰更新、多式联运枢纽建设、集装箱班列、农村物流等给予支持。各地要研究制定鼓励大宗货物“公转铁、公转水”的支持政策，落实国家有关税收优惠政策。2021 年 1 月，河南省发布《加快推进铁路专用线进企入园工程实施方案》，以大宗货物中长距离运输“公转铁”为主攻方向，着力实施铁路专用线进企入园“653 工程”，推进铁路进大型工矿企业、物流园区和港口，打通铁路运输“最后一公里”，稳步提升交通运输绿色发展水平。2021 年 11 月，山东省发布了《山东省新一轮“四减四增”三年行动方案（2021—2023 年）》，提出加速推进铁路专用线路、疏港铁路、内河航道等一批铁路、水路重点建设项目，更大力度推进大宗货物长距离运输“公转铁”“公转水”。

虽然黄河流域大力推进“公转铁”，但是政策实施仍然存在一些问题。①交通基础设施不够完善。铁路专用线建设规模不足，与其他运输方式之间缺乏协调配合，运输时效性差。目前我国在“最后一公里”铁路专用线建设方面仍存在短板，铁路与大型物流园区、工矿企业和港区衔接不紧密，无法形成有效的“门到门”运输优势，导致货物倒装次数过多，拉低了运输效率。②铁路运输价格不具优势。市场经济体制下运价是企业选择运输方式的首要因素，目前在中短途运输方面，相较于铁路运输，公路运输具有明显的价格优势。例如，河南阳光油脂集团从荥阳至甘肃平凉线路，运距大约 700 km，全程铁运“门到门”运价为 160 元/t（含公路短驳费用），全程汽运价为 146 元/t，铁路运费高于公路运费。另外大部分工矿企业铁路专用线都要向铁路企业缴纳代维费，还有延时费、取送车费等，年运营费用在 500 万～1 000 万元不等，企业成本压力较大。[31] ③铁路运输货运的标准化程度不够高。一方面，铁路集装箱运输虽然有了一定的发展，但是运输规模依旧较小，服务水平欠佳，站场与周边联系不够紧密，制约着我国铁路货运标准化的发展。另一方面，各省（区）之间缺乏有效的信息共享平台，跨区域的网络化协同能力不足，信息联通程度低，这也是制约铁路货运标准化建设的重要原因。[32] 2021 年 12 月，国家铁路局发布了《“十四五”铁路标准化发展规划》，提出“十四五”时期要着力优化铁路标准体系，强化重点领域标准制（修）订，提升标准国际化水平，完善标准化体制机制，夯实标准化技术基础，增强标准化服务能力，强化标准实施与监督，为满足铁路改革发展和技术进步需要、服务国家发展战略提供有力支撑。

（2）新能源汽车税收和补贴相关政策

落实国家新能源汽车税收优惠政策。新能源汽车税收优惠政策包括：①车辆购置税。2014 年 8 月，财政部、国家税务总局、工业和信息化部发布《关于免征新能源汽车车辆购置税的公告》，自 2014 年 9 月 1 日至 2017 年 12 月 31 日，对购置的新能源汽车免征车辆购置税。2017 年 12 月，财政部、国家税务总局、工业和信息化部、科技部发布《关于免征新能源汽车车辆购置税的公告》，自 2018 年 1 月 1 日至 2020 年 12 月 31 日，对购置的新能源汽车免征车辆购置税。2020 年 4 月，财政部、国家税务总局、工业和信息化部发布《关于新能源汽车免征车辆购置税有关政策的公告》，对新能源车免征购置税延至 2022 年 12 月 31 日。2022

年 9 月，为进一步刺激新能源汽车消费，财政部、国家税务总局、工业和信息化部发布《关于延续新能源汽车免征车辆购置税政策的公告》，新能源汽车免征购置税政策再被延长至 2023 年 12 月 31 日，是自 2014 年我国首次实施免征新能源汽车购置税政策后，第三次延续实施这项优惠政策，预计免征车辆购置税 1 000 亿元。②车船税。2018 年 7 月，财政部、国家税务总局、工业和信息化部、交通运输部印发《关于节能新能源车船享受车船税优惠政策的通知》（财税〔2018〕74 号），要求对符合标准的新能源车船免征车船税，对符合标准的节能汽车减半征收车船税。此后，财政部、国家税务总局、工业和信息化部、交通运输部联合制定节约能源、使用新能源车船减免车船税的车型目录，只有目录里的新能源汽车才能享受免征优惠。③企业所得税。《国家重点支持的高新技术领域》中第八节“高新技术改造传统产业”中，专列了“汽车行业相关技术”，包括汽车发动机零部件技术、汽车关键零部件技术、汽车电子技术、汽车零部件前端技术。这些技术与新能源汽车关联非常紧密，如果符合高新技术企业认定条件，就能享受企业所得税低税率优惠，按 15%税率计缴企业所得税。

加大对新能源汽车的补贴力度。2009 年国务院发布的《汽车产业调整和振兴规划》中提到，“启动国家节能和新能源汽车示范工程，由中央财政安排资金给予补贴”。2009 年，财政部、科技部发布《关于开展节能和新能源汽车示范推广试点工作的通知》，明确对试点城市公共服务领域购置新能源汽车给予补助。2013 年起，新能源补贴政策进入全新阶段，国家先后出台了一系列政策，在购置补贴、研发生产、技术创新、惩罚机制、监督管理等领域给予支持，并采取逐年退坡机制。2018 年 2 月，财政部等四部委发布了《关于调整完善新能源汽车推广应用财政补贴政策的通知》，对新能源乘用车补贴方案进行了调整，鼓励续航里程提升、根据电池系统能量密度和车辆能耗调整补贴、取消地方目录破除地方保护等。2019 年，新能源汽车补贴退坡力度进一步加大。2019 年 3 月，财政部等四部委发布了《关于进一步完善新能源汽车推广应用财政补贴政策的通知》（财建〔2019〕138 号），明确将降低新能源乘用车、新能源客车、新能源货车补贴标准，对新能源乘用车、客车、货车的补贴标准和技术要求做了新的规定，对续航里程和电池系统能量密度的要求提高，续航里程 250 km 以下以及电池系统能量密度要求低于 125 Wh/kg 的纯电动乘用车取消补贴。此外，续航 250～400 km 的纯电动乘用车补贴降低至 1.8 万元，续航 400 km 以上的补贴从上年 5 万元降至 2.5 万元。2020 年 4 月，四部委联合发布《关于完善新能源汽车推广应用财政补贴政策的通知》（财建〔2020〕86 号），将新能源汽车推广应用财政补贴政策实施期限延长至 2022 年年底，并提前明确 2021 年、2022 年新能源汽车购置补贴退坡幅度，原则上 2020—2022 年，补贴标准分别在上一年的基础上退坡 10%、20%、30%。2021 年 12 月，四部委联合发布《关于 2022 年新能源汽车推广应用财政补贴政策的通知》，新能源汽车补贴标准在 2021 年的基础上退坡 30%；城市公交、道路客运、出租（含网约车）、环卫、城市物流配送、邮政快递、民航机场以及党政机关公务领域符合要求的车辆，补贴标准在 2021 年的基础上退坡 20%。新能源汽车购置补贴政策于 2022 年 12 月 31 日终止，2022 年 12 月 31 日之后上牌的车辆不再给予补贴。具体补贴方案见表 2-11。

表 2-11　2022 年新能源乘用车补贴方案　　单位：万元

车辆类型		纯电动续驶里程 R /km		
		$300 \leq R < 400$	$R \geq 400$	$R \geq 50$（NEDC 工况）/ $R \geq 43$（WLTC 工况）
纯电动乘用车	公共领域	1.3	1.8	—
	非公共领域	0.91	1.26	—
插电式混合动力（含增程式）乘用车	公共领域	—		0.72
	非公共领域	—		0.48

青海省财政厅、商务厅和经信委联合印发了《青海省新能源汽车推广应用购置补贴管理办法》，明确 2016—2020 年青海省新能源汽车依照国家同期补贴标准，按照 1∶0.5 比例进行补贴。四川省成都市在中央财政补贴的基础上，给予中央财政单车补贴额 50%的市级配套补贴。宁夏积极落实新能源汽车补贴政策，完善电动汽车充电设施，提高电动汽车保有量，2020 年，建成充电站 101 座、

充电桩 13 600 个，基本形成便捷的新能源汽车基础设施服务网络。河南省重点推广混合动力和纯电动汽车，推进营运客货车辆、加快配套建设加气、充电等设施。目前，河南省公交车均为新能源汽车，预计 2021 年完成出租车全部置换为新能源汽车的计划。

新能源汽车税收和补贴相关政策也出现一些需要注意的问题。一是购置税率过高，统一该税率不合理。相较于国际同类的税种，我国汽车购置税为 10%，处于一个较高的水平，给消费者带来比较大的开支，所以消费者对汽车消费欲望普遍不高。二是车船税不完善，虽然考虑到汽车排量对环境的污染不同并根据汽车排量而实行差别化税费，但是只以汽车排量作为差别化分级的依据并不全面。

（3）船舶使用岸电相关政策

交通运输部大力推广船舶靠港使用岸电，已经推动出台了允许港口企业等岸电设施运营企业收取电费政策、岸电价格支持政策。2019 年 1 月，交通运输部联合五部门印发《关于进一步共同推进船舶靠港使用岸电工作的通知》，进一步加大船舶靠港使用岸电协同推进力度，发布《码头岸电设施建设技术规范》《码头岸电设施检测技术规范》，统一内河岸电接插件标准，明确岸电设施检测要求。2019 年 12 月，交通运输部发布了《港口和船舶岸电管理办法》，并在 2021 年 9 月进行了修订，加强船舶靠港期间大气污染防治，对岸电（受电）设施建设与使用、服务和安全等进行全面、系统的规范和引导。交通运输部公布的统计数据显示，中央财政于 2016—2018 年通过车辆购置税收入补助地方资金对沿海和内河港口岸电设备设施建设和船舶受电设备设施改造项目予以奖补，3 年来共安排车辆购置税奖励资金 7.4 亿元，支持靠港船舶使用岸电项目 245 个，已建岸电系统接船数量约 5 万艘次，使用电量 5.87 亿 kW·h。

岸电发展仍然面临新要求、新挑战。一是船岸技术匹配问题。由于国网电力系统与国际航行船舶的电力系统有一定的技术差异，现有岸电设施在建造、使用过程中，存在一定的问题。二是岸电使用的经济性问题。全国各省、市港口电价不统一；各港口经营单位向船舶售电电价差异较大；各地政府对船舶使用岸电的价格补贴和政策导向差异巨大；内河船舶一般靠泊时间不长，为 3～4 h，而岸电的连接和断开操作却比较耗时和烦琐，经济效益和社会效益都不明显。三是船岸标准不统一。虽然《码头船舶岸电设施建设技术规范》（JTS 155—2012）为系统设计提供了指导，但系统的关键部件、安全系统以及控制系统仍参照电力系统有关标准进行设计、制造，缺少船岸一体的设计理念，岸基供电设施的软硬件设计与船舶技术要求不匹配，存在船舶使用岸电的风险。

（4）柴油货车经济相关政策

为加快推动老旧车淘汰和深度治理，2018 年 12 月，生态环境部等十一部门联合印发《柴油货车污染治理攻坚战行动计划》，提出对于提前淘汰并购买新能源货车的享受中央财政现行购置补贴政策；鼓励地方研究建立与柴油货车淘汰更新挂钩的新能源车辆运营补贴机制。2021 年 4 月，生态环境部、工业和信息化部、海关总署联合发布《关于实施重型柴油车国六排放标准有关事宜的公告》，自 2021 年 7 月 1 日起，全国范围内全面实施重型柴油车国六排放标准，禁止生产不符合国六排放标准的重型柴油车，进口重型柴油车应符合国六排放标准。黄河流域多地已相继发布最新国三淘汰补贴方案。临沂市确定自 2020 年 1 月 1 日至 2021 年 9 月 30 日，对提前报废的国三柴油货车，每辆给予 0.42 万～3 万元不等的资金补贴。潍坊市政府办公室印发《潍坊市国三及以下排放标准营运柴油货车提前淘汰补贴实施方案》，通过采取经济补偿、限制使用、加强监督执法等措施，加快淘汰全市国三及以下排放标准营运柴油货车，预计 2021 年年底前，完成山东省下达的淘汰任务。其中，2020 年淘汰数量不低于应淘汰中型、重型国三及以下排放标准营运柴油货车总量的 70%。洛阳市出台淘汰国三及以下排放标准营运柴油货车工作实施方案，将利用两年时间，逐步淘汰全市 10 350 辆国三及以下排放标准营运柴油货车，本次淘汰工作采取经济补偿、限制使用、超标排放监管等措施。2020 年 8 月底，运城市印发《运城市国三及以下排放标准营运中型和重型柴油货车淘汰任务工作方案》，提出淘汰国三及以下排放标准营运中型和重型柴油货车补助标准参照《山西省黄标车及老旧车淘汰工作实施方案》中的补贴标准。然而，在柴油车等重型车使用中，需要加尿素降低氮氧化物的排放量。很多车主采用多种作弊方式，使氮氧化物控制装置失效，以达到少喷或不喷尿素的目的，而在氮氧化物排放控制装置失效的情况下，国五重型车氮氧化物排放将是正常排放量的 10～44 倍，比国一黄标车的排放状况更严重。

2.3　重点行业的低碳发展政策分析

2.3.1　煤化工行业

（1）行业现状

煤化工产业在黄河中上游聚集产业中处于关键节点位置，不仅对资源环境影响大，而且其发展产生了巨大的聚集效应，引领并推进了多产业的联合发展。黄河中上游的多个煤化工基地均已形成相当规模，但针对该地区煤化工行业集聚发展的区域整体资源环境影响研究较少，且无规模或强度限制，造成能源、水资源超载以及环境质量改善困难。《现代煤化工产业创新发展布局方案》（发改产业〔2017〕553 号）中确定的 4 个示范区中，3 个位于黄河中上游地区，未来对资源环境造成的压力更大。2019 年，全国现代煤化工行业中煤制油、煤制烯烃、煤制甲醇、煤制乙二醇、煤制天然气等产品产量分别约为 746 万 t、908 万 t、6 216 万 t、316 万 t、43 亿 m^3。基于区域资源禀赋优势，黄河流域的宁夏、内蒙古、陕西、山西已成为我国现代煤化工产业的主要集聚区。据统计，所有的煤制油、85%的煤制烯烃、50%左右的甲醇制烯烃项目，均位于上述区域。

以焦炭产能为例，“十三五”时期，黄河流域四川、河南焦炭产能显著下降，山东焦炭产能在 2017 年显著下降后持续回升，内蒙古、陕西、山西焦炭产能均有不同程度的增加，其中，山西焦炭产能由 2016 年的 8 185.99 万 t 增加至 2020 年的 10 493.7 万 t，增幅高达 2 307.71 万 t（图 2-13）。

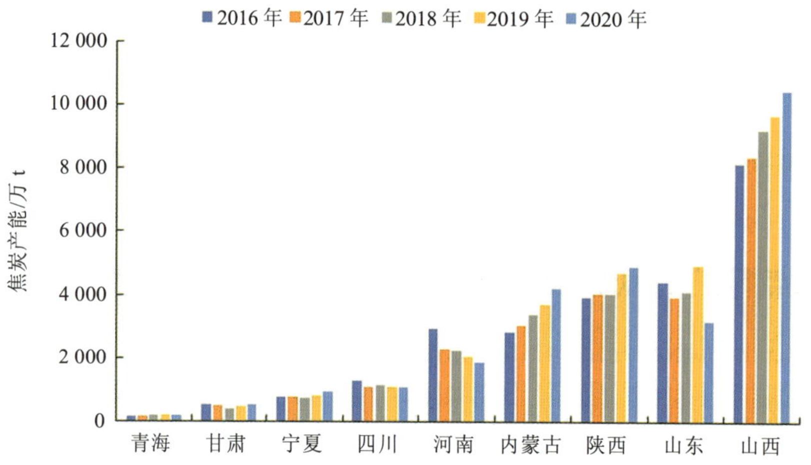

图 2-13 “十三五”时期黄河流域 9 省（区）焦炭产能变化情况

（2）存在的问题

资源环境矛盾日益尖锐。由于煤水条件占相对优势，近年来黄河中上游地区煤化工产业发展呈快速增长趋势，资源环境矛盾日益尖锐。黄河中上游地区煤炭资源总体丰富，储量能够达到全国基础储量的 45%，但局部呈现“缺煤”问题，例如，内蒙古蒙东地区年缺煤量高达千万吨级。虽然黄河中、上游地区过境水资源相对丰富，且近年水资源供应强度呈持续改善态势，但是，宁夏、内蒙古、陕西等地区仍处于超载或弱承载状态。

大气污染防治形势堪忧。2018 年全国环境空气质量相对较差的 20 个城市中，黄河地区囊括其中 8 个（临汾、咸阳、太原、晋城、西安、运城、晋中、渭南）。黄河地区是我国西部大开发重要的增长极之一，但资源环境超载与煤化工优势发展条件之间存在极大矛盾。国家规划发展的该区域 3 处现代煤化工示范区，随着煤化工与石油化工、电力、钢铁、精细化工等行业的联合发展推进，若不加以限制则必将使已高负载运行的生态系统雪上加霜，资源环境压力也将进一步加大。

煤化工行业减碳技术仍处于探索应用阶段。2020 年，生态环境部印发《纳入 2019—2020 年全国碳排放权交易配额管理的重点排放单位名单》，多家现代煤化工企业位列其中，配额管理仅针对煤化工企业自备电厂发电排放环节。相比之下，现代煤化工生产过程的碳排放更甚，但生产过程碳排放暂未参与全国碳市场交易。现代煤化工碳排放具有排放源较集中、排放浓度较高的特点，生产过程中排放的二氧化碳容易富集，目前个别龙头企业已建成 CCS 示范项目，以推动二氧化碳资源化利用技术，但亟须开发低成本、产业化、规模化的减碳技术。

2.3.2 火电行业

（1）现状

黄河流域能源矿产富集，风、光、水能丰富，电力产业发展基础良好。根据《全国国土规划纲要（2016—2030 年）》《能源发展战略行动计划（2014—2020 年）》等文件的规划布局，我国重点建设的 14 个亿吨级大型煤炭基地中有 8 个坐落于黄河流域及附近地区，流域内煤炭储量占全国总储量的 50%以上；我国重点建设的 9 个千万千瓦级大型煤电基地中，有 6 个坐落于黄河流域（分别在鄂尔多斯、晋北、晋中、晋东、陕北、宁东）。

（2）存在的问题

火电尤其是燃煤电厂在黄河流域占据主导地位，因此火电尤其是燃煤电厂的高质量发展对全流域电力产业的高质量发展具有决定性作用，而火电高质量发展的一个重要影响因素是火电机组的等级规模。黄河流域火电装机规模整体偏小，2017 年 692 个火电电厂中，仅有 175 个电厂的装机容量不低于 30 万 kW。这主要由于流域内地区存在大量企业自备电厂，其装机容量整体偏小。尤其是山东、山西、甘肃等省的装机容量低于 10 万 kW 的火电电厂占比在 70%以上。研究表明，不同等级规模的火电机组和其发电产生的 CO_2、SO_2、NO_x 和 $PM_{2.5}$ 排放量与发电量之间的系数不同，等级规模越低的火电机组将产生更多的排放量，大型火电机组则往往技术更加先进、按照更严格的排放标准设计、运行效率更高，也更利于节能减排。过低的火电装机等级规模直接导致流域内火电运行效率偏低、清洁程度不高，这对黄河流域未来火电的污染治理与发展形成了很大挑战。

2.3.3 钢铁行业

（1）现状

黄河流域9省（区）钢铁产能约占全国产能的1/4。钢铁产能主要集中在山东、山西、河南、四川和内蒙古5个省（区），其粗钢产能均达到2 000万t以上。“十三五”期间，黄河流域粗钢产能由2016年的19 545.99万t增加至23 878.04万t，粗钢产能在全国的占比由2016年的24.2%降至23.99%，降幅仅为0.21个百分点。除山东2019年粗钢产能显著下降外，其他8个省（区）粗钢产能均有不同程度的增加，其中，山西粗钢产能增幅最大，由2016年的3 936.13万t增加至2020年的6 637.78万t，产能增加2 701.65万t，增幅高达68.6%（表2-12，图2-14）。

表2-12 “十三五”时期黄河流域9省（区）粗钢产能及在全国占比变化情况

省（区）	粗钢产能/万t					粗钢产能在全国占比/%				
	2016年	2017年	2018年	2019年	2020年	2016年	2017年	2018年	2019年	2020年
青海	114.87	119.56	138.08	178.83	193.24	0.14	0.14	0.15	0.18	0.18
宁夏	159.18	229.46	252.46	308.56	466.62	0.20	0.26	0.27	0.31	0.44
甘肃	628.36	560.52	802.41	877.77	1059.17	0.78	0.64	0.86	0.88	0.99
陕西	924.67	1 184.26	1 178.69	1 430.75	1521.53	1.14	1.36	1.27	1.44	1.43
内蒙古	1 813.24	1 983.51	2 307.58	2 653.69	3119.87	2.25	2.28	2.48	2.67	2.93
四川	2 007.74	2 026.3	2 400.7	2 733.3	2792.63	2.49	2.33	2.58	2.75	2.62
河南	2 794.7	2 870.8	2 892.03	3 299.09	3530.16	3.46	3.30	3.11	3.31	3.32
山西	3 936.13	4 429.68	5 386.24	6 039.05	6637.78	4.87	5.09	5.80	6.07	6.23
山东	7 167.1	7 147.9	7 177.2	6357	7993.51	8.87	8.21	7.73	6.39	7.51
合计	19 545.99	20 551.99	22 535.39	23 878.04	27314.51	24.20	23.60	24.26	23.99	25.65

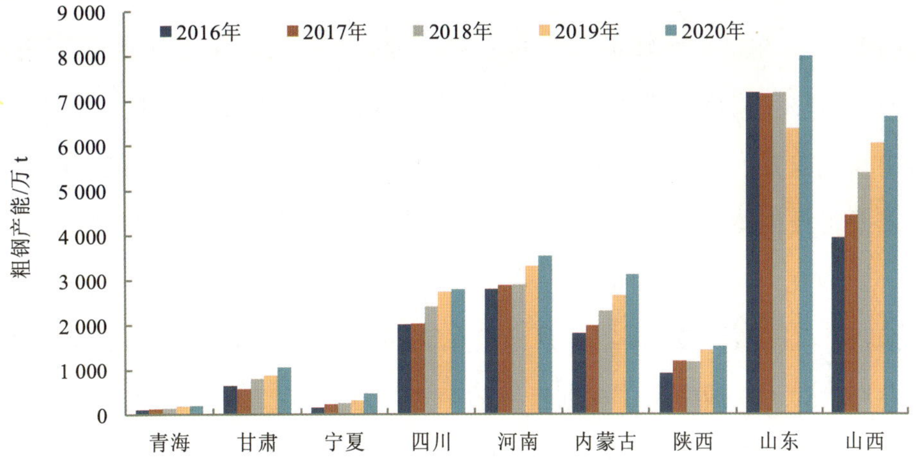

图 2-14　“十三五”时期黄河流域 9 省（区）粗钢产能变化情况

（2）存在的问题

1）黄河流域钢铁行业超低排放改造进度相对滞后。自《关于推进实施钢铁行业超低排放的意见》于 2019 年 4 月发布以来，钢铁行业超低排放升级改造工作在全面稳步推进。截至 2020 年 11 月 27 日，全国共有 229 家企业 6.2 亿 t 左右粗钢产能（重点区域 165 家企业 5.2 亿 t 左右粗钢产能）已完成或正在实施超低排放改造。其中，重点区域共 103 家钢铁企业约 3.2 亿 t 粗钢产能正在开展超低排放改造评估监测工作。目前黄河流域中山西太钢不锈钢股份有限公司自 2015 年开始，完成了自备电厂超低排放改造，2016 年开始对原料场进行全封闭超低排放改造，2018 年完成了焦炉烟道气脱硫脱硝超低排放改造，2019 年年底全面完成了从焦化、烧结、炼铁、炼钢、轧钢到清洁运输的全工序超低排放改造，实现了有组织排放达超低排放标准，无组织排放达超低排放要求，清洁运输达到 80%以上的要求。2020 年上半年，山西太钢不锈钢股份有限公司进一步对全流程超低排放改造工作进行了完善，完成超低排放改造并通过评估监测，成为黄河流域钢铁行业的标杆企业。此外，包头钢铁、济南钢铁等超低排放改造工作也正处于推进过程中。

2）钢铁行业实现“双碳”目标面临巨大挑战

我国钢铁生产以高炉-转炉长流程为主，其中煤、焦炭等化石能源占钢铁生产能源投入近90%，高碳特性十分突出，减排难度较大。我国钢铁工业是31个制造业门类中碳排放量最高的行业，碳排放量占全国的15%左右，是落实碳减排目标任务的重要责任主体。从全球数据来看，我国钢铁生产占全球钢铁碳排放的比例达60%以上。2060年前，我国钢铁行业要实现从“碳达峰”到深度脱碳再到“碳中和”，时间紧、任务重。2021年5月，包头钢铁作为中国钢铁行业第三家、黄河流域首家发布“碳达峰碳中和”规划目标的企业，力争2023年实现“碳达峰”，力争2050年实现“碳中和”，为推动黄河流域钢铁行业实现“碳达峰碳中和”目标发挥示范引领作用。

2.4 本章总结

（1）结构调整问题

一是产业结构和布局不尽合理。黄河流域水资源短缺，但煤炭采选、煤化工、有色金属冶炼及压延加工等高耗水、高污染企业多，农业种植规模与水资源条件不相匹配。

二是存在能源结构不合理和低碳转型任务重等问题。黄河流域能源结构依然偏重且缺乏有效调整措施，煤炭生产和消费占比高，低碳减排任务较重，多数省（区）低碳转型力度仍显不够。能源资源开发利用与生态环保约束的矛盾突出，人口密集区的灰尘、颗粒物污染严重，大气质量较差，城市水体、湖泊和内陆河水污染较重。

汾渭平原集中分布焦炭、电解铝等行业，能源结构总体以煤为主，燃煤使用分散低效，排放量大，重污染天数是全国平均值的3倍以上。非化石能源占比较少，碳排放量大。

三是交通结构依赖公路。汾渭平原、河南、山东等地是中国公路交通网负载较大的地区，年货运总量的80%以上依靠公路运输，是全国平均水平的3倍多，汾渭平原的煤炭、焦炭主要依靠公路完成大宗原材料和产成品的运输。

四是发展质量有待提高。黄河上、中游 7 省（区）是发展不充分的地区，同东部地区及长江流域相比存在明显差距，传统产业转型升级步伐滞后，内生动力不足，源头的青海玉树州与入海口的山东东营市人均地区生产总值相差超过 10 倍。对外开放程度低，9 省（区）货物进出口总额仅占全国的 12.3%。全国 14 个集中连片特困地区有 5 个属于黄河流域。

（2）低碳发展政策问题

一是促进产业结构的低碳发展政策效果不明显。促进新动能发展的政策不够，黄河流域国土空间规划编制未完成，绿色税制体系设计不健全，绿色金融政策不健全，流域产业的差异化准入门槛不完善，企业“双高”名录不健全。

二是促进能源结构的低碳发展政策体系不完善。清洁取暖补贴政策面临退坡导致煤炭消费量有反弹现象，环境权益交易政策发展整体滞后，能源定价机制尚未完全市场化，缺乏清洁能源跨省跨区消纳的政策和电价机制。

三是促进交通结构的低碳发展政策机制不健全。新能源汽车补贴政策不完善，新能源货车补贴力度不够，淘汰老旧车补贴政策不健全，“公转铁”“公转水”的运输转型激励政策效果不明显，高品质汽柴油补贴政策不完善。

第3章

典型省（区）案例研究——甘肃省

3.1 生态环境保护和高质量发展现状

甘肃省位于我国西北部，是黄土高原、青藏高原、内蒙古高原三大高原和西北干旱区、青藏高寒区、东部季风区三大自然区域的交会处。地域狭长，山地、高原、平川、河谷、沙漠、戈壁地形地貌类型齐全，总土地面积 42.58 万 km^2。境内祁连山、甘南高原、“两江一水”（白龙江、白水江、西汉水）地区分别是河西内陆河、黄河、长江等重要河流的水源补给涵养区。库姆塔格、巴丹吉林、腾格里三大沙漠自西向东包裹着甘肃北部。中东部黄土高原千沟万壑，水土流失严重，泾渭河流域更是多沙粗沙区。南部山地滑坡、泥石流等自然灾害频发，是长江上游主要的水土流失防治区。甘肃地处黄河上游，90%的面积属于禁止和限制开发区域，生态脆弱，是我国西北地区重要的生态屏障，维护国家生态安全的战略地位非常重要。黄河流经甘肃 913 km，是黄河全流域重要的水源涵养区和补给区，尤其是甘南高原素有“黄河蓄水池”和“中华水塔”的美称。

从产业结构来看，甘肃省 2016 年三次产业构成比例是 13.7∶34.9∶51.4；

2019年三次产业构成比例是12.0∶32.8∶55.2。由此可以看出甘肃省的产业结构中第一、第二产业比例均有所下降，第三产业比重上升，这说明甘肃产业结构有所优化，而2019年全国三次产业构成比例是7.1∶38.6∶54.3。与全国相比，甘肃省产业结构仍有一定的差距和调整空间。

从能源结构来看，甘肃省能源消费总量总体呈上升趋势，能源消费总量由2016年的7 300万t标准煤上升至2019年7 818万t标准煤。从能源消费构成分析，煤炭、石油占能源消费的比重分别从2016年的58.7%、17.3%降至2019年的52.4%、15.5%，但煤炭消费仍然是甘肃能源消费的主要品种。天然气占能源消费的比重从2016年的4.6%上升到2019年的5.3%。总体来讲，甘肃省能源消费总量呈上升趋势，能源消费结构有所优化，但是能源消费结构依然比较单一，甘肃省能源结构调整依然存在较大的压力。

2018年2月，甘肃省人民政府发布的《关于印发甘肃省推进绿色生态产业发展规划的通知》（甘政发〔2018〕17号）中提出：力争到2020年，产业结构调整取得较大进展，生态文明体制改革取得重大突破，生态产业体系初步形成；到2025年，生态产业体系进一步完善，生态环境质量明显改善，清洁生产、高效生产、低碳生产占主导地位，为建设绿色低碳循环发展的经济体系奠定坚实基础。经过5～8年的发展，清洁生产产业初具规模，传统产业绿色发展水平和质量效益显著提高；节能环保、清洁能源、中医中药、文化旅游、通道物流、数据信息、军民融合、先进制造等新兴产业发展壮大，成为全省经济的重要增长极；循环农业优势彰显、打响绿色生态品牌，建成绿色生态农产品生产加工基地，构建市场潜能大、布局合理、功能完备的生态产业体系，绿色发展能力显著增强，形成绿色生态产业发达、生态环境质量优良、社会经济和资源环境统筹协调的发展格局。

2020年12月，甘肃省委、省政府印发了《甘肃省黄河流域生态保护和高质量发展规划》（以下简称《规划》），要求各地各部门认真抓好贯彻落实。《规划》范围主要包括黄河干支流流经甘肃省的相关县级行政区，在国家规划纲要中承担重点任务的祁连山国家公园、祁连山国家级自然保护区等相关区域和部分县区。同时，为保持重要生态系统的完整性、地理单元的连续性、资源配置的合理性、文化保护传承弘扬的关联性，在谋划实施生态、经济、文化等领域举措时，延伸兼顾了联系紧密的区域。《规划》着眼新发展阶段，贯彻新发展理念，立足甘肃是国家重要生态安全屏障、黄河流域重要水源涵养区、黄河上游高质量发展先行区、黄河文化保护传承弘扬示范区四大战略定位，围绕主动融入新发展格局、推进黄河流域生态保护和高质量发展，紧扣生态修复、文化复兴和产业转型三大任务，提出深入实施水源涵养、水土流失治理、防洪能力建设、污染治理、绿色生态产业培育、黄河文化传承等重大工程，着力构建黄河上游生态保护空间布局和黄河流域甘肃段发展动力格局。《规划》提出，到2030年全省黄河流域治理水平明显提高，干支流现代化减灾防灾体系基本建成，生态环境质量和供水安全保障水平明显改善，生态保护大见成效，水源涵养和水土保持能力显著提升，流域人水关系进一步改善；高质量发展呈现良好态势，生态产业体系建设实现新突破，十大生态产业蓬勃发展，打造若干千亿级产业和百亿级园区，兰西城市群成为高质量发展的动力源，乡村振兴取得实质性进展，基本公共服务水平明显提升，人民生活水平明显改善，黄河文化传承与开放交流影响力进一步扩大，人民群众获得感、幸福感、安全感显著增强。

3.2 产业、能源、交通结构调整的低碳发展政策具体实践

3.2.1 产业结构低碳发展政策

甘肃省加快建立健全绿色低碳循环发展经济体系。2021年6月20日，甘肃省人民政府印发《关于加快建立健全绿色低碳循环发展经济体系实施方案的通知》(甘政发〔2021〕62号)，提出“到2025年，经济结构明显优化，绿色低碳循环发展的生产体系、流通体系、消费体系初步形成，绿色生态产业增加值占地区生产总值比重达到34%，单位地区生产总值能耗较2020年下降13%，单位国内生产总值二氧化碳排放降低达到国家要求。到2035年，绿色产业规模迈上新台阶，重点行业、

重点产品能源资源利用效率达到国际先进水平，广泛形成绿色生产生活方式，碳排放达峰后稳中有降，美丽甘肃建设目标基本实现”的总体目标。明确了实施工业绿色改造、培育壮大绿色环保产业、实施园区产业循环化改造等推进生产体系绿色升级的重点任务。

甘肃省水资源费政策助力水资源的节约、保护和管理以及水资源的合理开发。甘肃省积极探索水资源价格形成机制。2014 年 6 月，甘肃省出台新的《甘肃省取水许可和水资源费征收管理办法》，积极推动水资源费征收标准调整工作。新办法体现了落实最严格水资源管理制度的要求，按照国家实行最严格的水资源管理制度和深化资源产权制度改革的要求，全面体现水资源管理控制指标，提出再生水、矿井排水、苦咸水和集蓄雨水等非常规水源利用不受用水总量控制指标限制，以政府令形式做此规定在全国尚属首次。甘肃省 2015 年共计征收省级水资源费 20 760 万元，省级水资源费首次突破 2 亿元。在所征水资源费中，一般工业生产和城镇供水企业为 7 869 万元、水力发电企业为 12 473 万元、火力发电企业为 357 万元、农业灌溉为 61 万元。目前甘肃省的水资源费主要用于水资源的节约、保护和管理以及水资源的合理开发等工作。提高水资源费标准直接增加了甘肃省水资源节约、保护和管理的资金，有利于进一步开展水资源的保护和管理工作。

自 2018 年《中华人民共和国环境保护税法》实施以来，甘肃省为更好地发挥环境保护税的作用，在应税污染物适用、税收减免适用、应税污染物排放量的监测计算等方面加强协同，紧盯中央生态环境保护督察组和各级生态环境部门对违法超标排放污染物等有问题企业、单位的通报和公告，深入有问题企业核查应税污染物排放数据，及时跟进税收征管，不让违法超标排放企业在税收征管中“漏网”。同时，针对环境保护税共享平台建设滞后的情况，甘肃省加大攻坚力度，于 2018 年 9 月底完成了数据共享平台建设，10 月实现了传输数据，为全面加强环境保护税征管打牢了信息基础。甘肃省积极引导排污企业不断加大治污减排力度，并通过全面落实环境保护税税收优惠政策，让达标企业切实享受政策红利，从而发挥了税收政策促进生态文明建设的积极作用。自《中华人民共和国环境保护税法》实施以来，甘肃省已累计减免环境保护税 4.02 亿元。“多排多征、少排少征、不排不征”的税收激励机制促进企业主动求变、主动治污，加快了企业向绿色发展的转型升级，促进企业紧跟时代发展要求，通过设备升级改造、安装排污监测设备的方式，使得在环保技术上的投入及税收优惠减免等举措又反哺企业，实现了“增加投入—环境保护税减免—再投入”的良性循环。

3.2.2 能源结构低碳发展政策

甘肃省完善绿色低碳能源体系。根据《关于加快建立健全绿色低碳循环发展经济体系实施方案的通知》（甘政发〔2021〕62 号）中“建设绿色基础设施”相关要求，甘肃省将强化能源消费总量和强度双控，加快燃煤电厂、燃煤锅炉、电力系统节能改造。大力推动风电、光伏发电发展，持续推进河西特大型新能源基地建设，全面加快抽水蓄能电站前期及建设工作，推进光热发电与风光电协同发展，谋划实施河西第二条特高压直流输电工程，积极发展新能源装备制造业。推进网源荷储一体化协调发展，推进绿色矿山建设，在兰州等区域持续加大地热资源开发利用力度，增加农村清洁能源供应，布局建设生物天然气项目，鼓励县城积极发展清洁热电联产集中供暖。严控新增煤电装机容量，继续提升大容量、高参数、低污染煤电机组占煤电装机的比例。实施城乡配电网建设和智能升级计划，加快天然气基础设施建设和互联互通，探索开展二氧化碳捕集、利用和封存。到 2025 年，非化石能源装机和消费比重分别达到 65%和 30%。

甘肃省对高耗能行业、产能严重过剩行业实施差别电价、惩罚性电价和阶梯电价政策。为了落实《国家发展改革委关于降低燃煤发电上网电价和一般工商业用电价格的通知》，甘肃省发展改革委发布了《关于合理调整电价结构有关事项的通知》，继续对高耗能行业、产能严重过剩行业实施差别电价、惩罚性电价和阶梯电价政策。2016 年，甘肃省对铁合金、电石、钢铁、电解铝、烧碱、锌冶炼、黄磷、水泥 8 个高耗能行业执行差别电价，对部分超能耗限额标准 30%以上的企业执行 0.25 元/kW·h 的惩罚性电价。

甘肃省严格落实环保电价政策。2016 年，甘肃省统调燃煤发电上网电价平均降低 0.027 2 元/kW·h；一般工商业用电价格平均降低 0.013 9 元/kW·h；调整后的燃煤发电标杆上网电价 0.297 8 元/kW·h；提高后的可再生能源电价附加征收标准 0.019 0 元/kW·h（上述燃煤发电标杆上网电价含脱硫、脱硝和除尘电价）。甘肃省在实行环保电价补贴政策后，进一步优化了火电上网电价的组成结构，新增了除尘电价补偿，提高了脱硝电价标准，带动了甘肃省节能环保产业的快速发展，有利于推动甘肃省的治污减排进程。

3.2.3 交通结构低碳发展政策

甘肃省积极推进新能源汽车补贴政策的落实。2016 年，甘肃省出台《甘肃省新能源汽车补贴资金管理办法》，制定了相应的补贴标准。规定在省内购买的符合补贴申请条件的新能源汽车，财政补贴标准：省级财政按照调整后的中央财政补贴标准的 35%执行，市（州）、县（市、区）财政按照调整后的中央财政补贴标准的 15%执行。同时规范了补贴资金申报、拨付程序，规定申请新能源汽车财政补贴的法人消费者向工商登记所在地县（市、区）工信部门提出申请，个人消费者向户口所在地县（市、区）工信部门提出申请。各县（市、区）工信部门应设立新能源汽车服务窗口，受理、审核申请材料，并及时向社会公布服务窗口的设置地点、办公时间、负责人员、联系方式等信息，加强对新能源汽车财政补贴情况的监督管理。甘肃省自从实行新能源补贴政策后，不断加大基础设施建设力度，改善新能源汽车使用环境。目前，甘肃省新能源汽车购置补贴政策逐渐转向支持充电基础设施建设和运营、新能源汽车使用和运营等环节，不断提高产业技术水平，增强核心竞争力，做好新能源汽车推广应用，促进新能源汽车产业的健康发展。

3.3 低碳发展政策短板与需求

甘肃省的生态在全国具有重要地位，是西部生态建设的枢纽区域和丝绸之路经济带上的生态敏感区，是国家生态战略的重要组成部分，是丝绸之路经济带建设和实现中华民族伟大复兴的中国梦的坚实生态后盾。

甘肃省的环境污染形势依然严峻。经济形势严峻复杂，经济持续下行，造成全社会环境保护投入趋紧，污染治理设施建设和正常运行难度加大，从而使环境治理压力陡增；生态用水不足，污水厂排水即使达标也无法满足环境质量标准，流域水质同比有恶化趋势；污染减排工作力度加大，主要污染物得到了较大幅度削减，随着经济发展，新增污染物等量替代的来源减少，后续总量控制难度逐渐增大；公众对环境保护的关注度持续增高，人民群众对喝上干净的水、呼吸新鲜空气等环境质量诉求越来越强烈。通过以上政策梳理和对比，目前甘肃省的环境成本定价政策还面临着环境保护税费整体偏低、资源性产品定价方法不完善以及环境成本计量方法、标准不统一等问题。

（1）环境保护税费整体偏低，没有反映资源开发利用中的全部环境成本

当前，甘肃省环境保护税税额标准很低，主要大气污染物税额和主要水污染物税额均按照《中华人民共和国环境保护税法》规定的最低标准执行（分别为 1.2 元/污染当量和 1.4 元/污染当量），未充分考虑甘肃省环境质量和污染物排放情况。

（2）环保电价补贴标准“一刀切”

甘肃省各发电厂执行统一的环保电价补贴标准，但各个电厂发电机组类型不一，因此在环境保护改造和运行成本方面存在差异，甘肃省在具体的政策落实上采用的是统一标准，难以调动企业的积极性。

（3）新能源补贴政策体系不完善

甘肃省在积极推进新能源补贴政策的同时还存在以下问题：一是充电基础设施结构性供给不足，整体规模仍显滞后；二是充电设施的布局不够合理，可持续的商

业发展模式还没有形成；三是在政策体系方面，中央政府与甘肃省地方政府之间相关支持政策的衔接还不够充分。

3.4 促进结构调整的低碳发展政策建议

（1）积极推进实施环境保护税，设定合理的环境保护税税率

全面落实《规划》相关要求，根据环境质量和污染物排放情况，调整应税污染物税额标准，充分考虑当地环境承载能力、经济情况及环境质量，开展科学研究，选择适宜的税额标准及应税污染物项目数。

（2）积极落实光伏发电、风电补贴政策

考虑采取标杆电价和特许权招标相结合的方式，由市场来配置资源，推进配电价格改革。编制甘肃省年度电力电量平衡方案时采取措施落实可再生能源发电全额保障性收购制度，在保障电网安全稳定的前提下，全额安排可再生能源发电。

（3）积极推进新能源汽车补贴

一是提高技术门槛要求。根据动力电池技术进步情况，进一步提高纯电动乘用车、非快充类纯电动客车、专用车动力电池系统能量密度门槛要求，鼓励高性能动力电池应用。提高新能源汽车整车能耗要求，鼓励低能耗产品推广。不断提高燃料电池汽车技术门槛。二是完善新能源汽车补贴标准。根据成本变化等情况，调整优化新能源乘用车补贴标准，合理降低新能源客车和新能源专用车补贴标准。燃料电池汽车补贴力度保持不变，燃料电池乘用车按燃料电池系统的额定功率进行补贴，燃料电池客车和专用车采用定额补贴方式。鼓励技术水平高、安全可靠的产品推广应用。

第 4 章

典型省（区）案例研究——山西省

4.1 山西省结构调整现状

4.1.1 产业结构特点

（1）演变历程

改革开放以来，山西省地区生产总值经历了飞速增长，三次产业结构也发生了明显的变化。[33]近 40 多年来，地区生产总值从 1978 年的 87.99 亿元跃升至 2020 年的 17 651.9 亿元，增长约 199 倍。同时，山西省三次产业结构格局发生明显变化，三次产业产值分别从 1978 年的 18.20 亿元、51.47 亿元、18.322 1 亿元上升到 2020 年的 946.7 亿元、7 675.4 亿元、9 029.8 亿元，均呈现出明显的上升趋势，其中第一产业产值涨幅最小，第三产业实现快速发展。山西省三次产业产值变动情况如图 4-1 所示。

1）三次产业产值占比。改革开放以来，山西省第一产业比重呈下降趋势，第二、第三产业所占比重有较大波动，且呈完全相反的发展趋势，根据图 4-2 可知，改革开放以来山西省三次产业有不同的变化趋势。

第一产业整体呈现下降趋势，从 1978 年占比 20.69%下降到 2020 年的 5.4%，仅在个别年份比重有小幅上升。

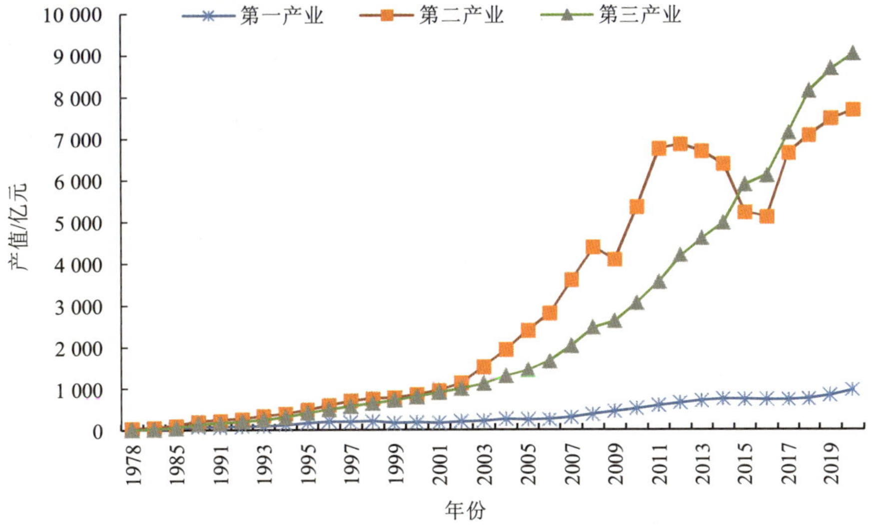

图 4-1　1978—2020 年山西省三次产业产值变动情况

注：此图根据 2021 年山西统计年鉴绘制。

第二产业比重波动幅度较大，比重波动主要在 38%～58%，改革开放以来，第二产业比重呈现出“降—升—降”的阶段性变动趋势，1978—2001 年比重稳中有降，2002—2011 年呈现出上升趋势，2012—2020 年比重有所下滑。这种变化主要是受到国家宏观经济环境和政策变化的影响。从 2000 年开始，中国经济增长趋势扭转，通货紧缩也得以有效遏制，在新的增长周期中，房地产、汽车产业作为引领增长的先驱者，发展迅猛，由此带动关联性产业如建材、钢铁、水泥等行业的发展。在这样的外部环境影响下，山西省重工业得以迅速发展。此外，第二产业比重的扩张还得益于国家于 2008 年因规避金融危机实施的 4 万亿刺激计划，为了刺激内需以提升经济发展的活力，国家出台政策大兴基础设施、民生工程和生态环境建设，引发对煤炭、钢铁等资源的大量需求，山西省煤炭、钢铁等资源的价格实现显著增长，推动第二产业产值攀升。

第三产业与第二产业呈现出完全相反的发展趋势，改革开放以来，比重呈“升—

降—升”趋势波动，第三产业产值于 1984 年超过第一产业，2015 年超越第二产业。这主要是由于在国家供给侧结构性改革的不断推进下，山西省落后、过剩产能被快速出清，重工业产品价格下滑，资源依赖过度的企业发展遭遇困境。此外，由于减税降费等政策扶持以及公众收入水平提高、消费需求的转变使第三产业发展势头良好，山西省地区生产总值的构成由“二三一”格局演进为“三二一”格局。

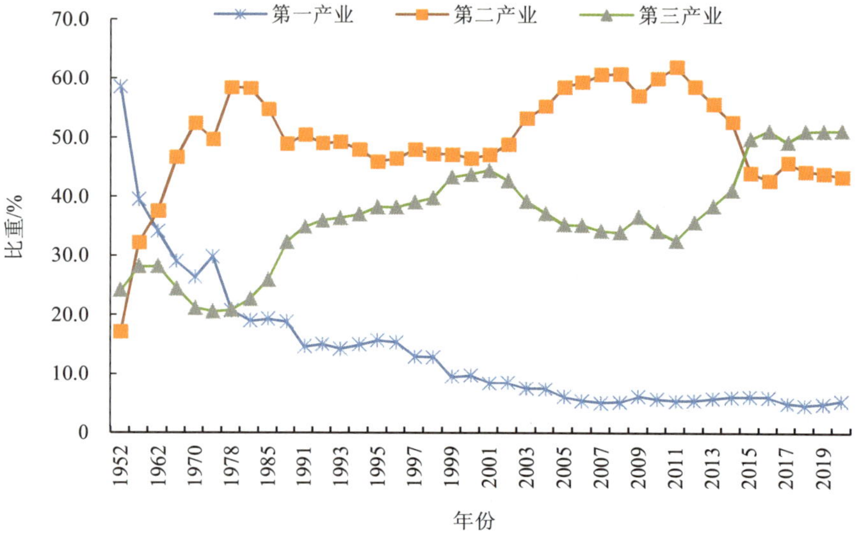

图 4-2　1952—2020 年山西省三次产业产值占比

注：此图根据 2021 年山西统计年鉴绘制。

2）三次产业就业人员结构。从劳动力转移来看，山西省第一产业就业人数占比呈下降趋势，第二产业就业人数占比呈阶段性波动趋势，第三产业就业人数占比呈明显上升趋势。2020 年，山西省就业总人数达 1 738 万人，较 1978 年的 965.2 万人相比有了大幅提升。从图 4-3 可看出，虽然就业人口总数显著增加，但山西省第一产业就业人数变动较小，1978 年就业人数为 628.1 万人，2020 年为 424 万人。而从人数占比上看，第一产业劳动人数占比呈现出明显的下降趋势，占比从 65.07% 下降到 24.40%，降幅超过 40 个百分点。第二产业就业人数呈现阶段性的波动趋势，1978—1996 年人数上升，1997—1999 年略有下滑，2000—2013 年平缓上升，2014—2020 年呈现平稳下滑趋势。但从占比来看，第二产业就业人数占比较为稳定，在

20%～30%浮动。第三产业就业情况无论从绝对量看还是从占比看都呈现明显的上升趋势，1978—2020 年从事第三产业的人数由 148.2 万人升到 876 万人，增长近 5 倍，占比也从 15.35%上涨至 50.40%，增加约 35 个百分点（图 4-4）。

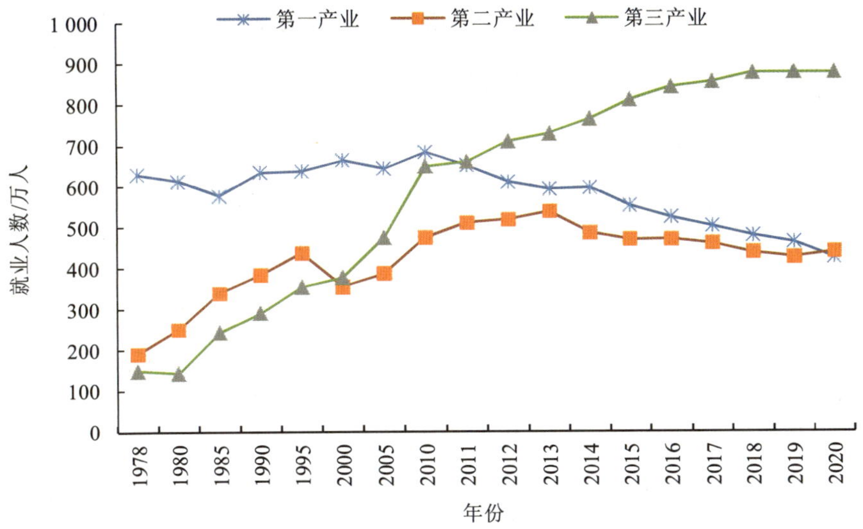

图 4-3　1978—2020 年山西省三次产业就业人数变动情况

注：此图根据 2021 年山西统计年鉴绘制。

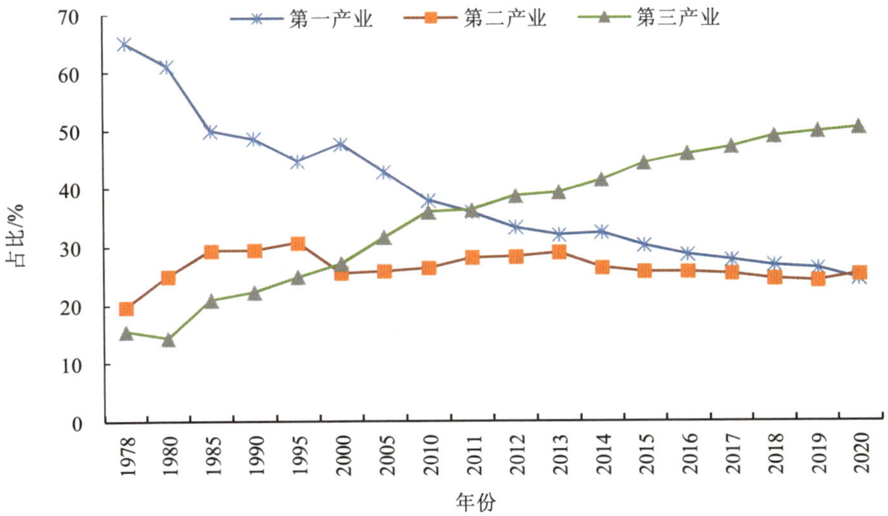

图 4-4　1978—2020 年山西省三次产业就业人数占比情况

注：此图根据 2021 年山西统计年鉴绘制。

（2）煤炭行业发展现状分析

山西属于典型的资源型地区，长期以来依靠煤炭能源支撑地区经济发展。中华人民共和国成立以来，山西作为国家的重要能源基地，为国家的经济发展做出了应有的贡献，但也导致山西过度依赖煤炭，形成“一煤独大”的产业格局。长期大规模、高强度、单一化的煤炭开发使山西付出了沉重的环境代价、资源代价，影响了山西经济社会的可持续发展。

山西省煤炭去产能、集群化任务巨大。经过几十年的煤炭工业的发展，山西煤炭产业“多、小、散、乱”症状凸显。在“多、小、散、乱”格局下，煤炭产业发展中出现了资源浪费、矿难频发、生态破坏严重等诸多突出的问题和矛盾，严重影响了山西省煤炭工业的发展。自 2009 年以来，山西一直大力推进煤炭领域的资源整合工作，坚决关闭并淘汰落后、低效和无效的产能。特别是进入“十三五”时期，整合处置的力度更大，2019 年完成了国家下达的“十三五”时期去产能任务指标，在全国范围内煤炭产能退出总量居首位。“十三五”末期，即 2020 年退出煤矿 57 座，实现了煤炭行业煤炭每年 60 万 t 煤矿全部退出的目标。同时，“十三五”时期山西先进煤矿产能占比大幅提高，由原来的 36%上升到 68%。总之，过去一段时期山西在煤炭资源整合和产业集中度方面取得了不小成效，但面对新时代的新发展要求，后续仍需继续推进，进一步提升产业发展质量和效益。

（3）高技术产业发展现状分析

近年来，山西省高技术产业发展快速。如图 4-5 所示，1995—2020 年，山西省高技术产业产值呈现明显的上升趋势，由 1995 年的 5.5 亿元上升至 2020 年的 438 亿元。从企业数量来看，根据现有数据，山西省 2020 年高技术产业企业数量达到 206 个，较 2005 年增长 61 个，涨幅 42.07%；从从业人数上看，2005—2020 年，山西省高技术产业从业人数由 44 027 人增加到 172 943 人，增长近 3 倍，说明山西省转变经济发展方式、促进高技术产业发展取得显著成效。从高技术产业占 GDP 比重来看，从 1978 年的占比 0.51%上升至 2020 年的 2.48%，占比有所上升，说明高技术产业对经济增长的贡献力在上升。但是，从数值上可以明显看出山西省高技术产业占 GDP 的比重很低（2018 年中国高技术产业 GDP 总量为 7.06 万亿元，占全国 GDP 总量的 7.67%[34]），发展劲头不足，甚至在部分年度产值呈现下滑趋势。这与山西省高技术产业基础薄弱、起步晚、人才缺失、创新能力不足等因素有关，导致近年来山西省高技术产业产值增速放缓。此外，山西省高技术产业从业人数涨幅远高于企业数量涨幅，由此可见，山西省高技术产业产值的增长主要得益于已有高技术企业规模的扩张，但是受资金、环境、人才等因素限制新企业设立速度较慢。

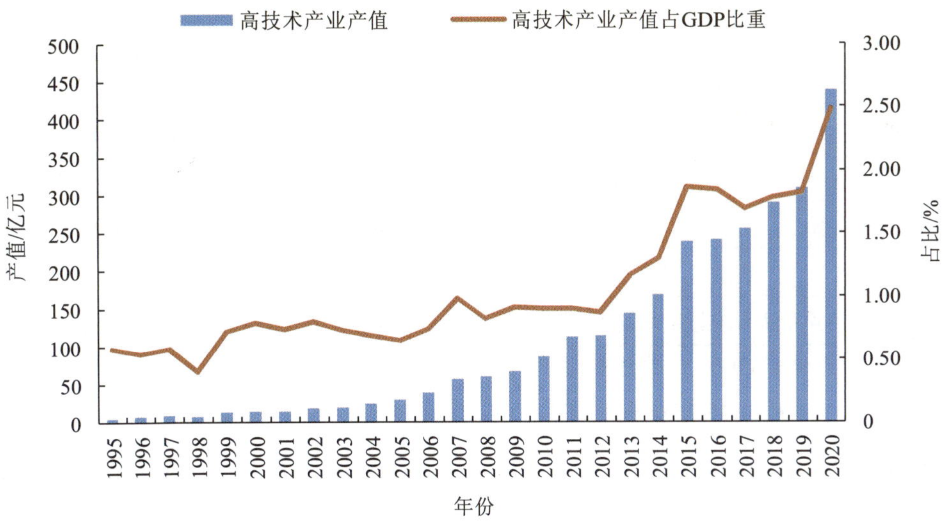

图 4-5　1995—2020 年山西省高技术产业产值及占比

注：此图根据 1995—2020 年《中国高技术产业统计年鉴》《全国科技进步统计监测报告》绘制。

（4）第三产业和生产性服务业发展现状分析指标

从第三产业规模来看，第三产业呈增长趋势，且在未来仍有很大的市场潜力。根据山西省统计年鉴相关数据可知，山西省第三产业产值 2015—2020 年由 5 890.53 亿元上涨至 9 029.81 亿元，增长 53.3%，且占 GDP 的比重超过 50%，说明在产业发展的市场调节以及政府推动经济转型发展的形势下，即使在资源型经济长期占据主导的山西省，第三产业仍具有很大的生命力，山西省正在从煤炭经济“一枝独秀”转向服务经济占据主导地位。但是第三产业法人单位数占全国的比重增长不到 1 个百分点，2019 年山西省第三产业法人单位数出现负增长（表 4-1），说明第三产业发展规模扩大是全国范围内经济增长主要动力转变和产业结构调整的结果，而从单位相对数量看，取得成果不显著。在能源革命和需求转变的背景下，“消费者产业”会给该内部产业带来巨大需求，第三产业在未来会有很大的市场潜力。

表 4-1 山西省第三产业和生产性服务业企业规模情况（2015—2020 年）

指标	2015 年	2016 年	2017 年	2018 年	2019 年	2020 年
第三产业法人单位数/个	204 219	261 897	349 239	424 346	388 779	563 170
第三产业法人单位数占全国的比重/%	2.11	2.34	2.69	2.72	2.27	2.60
第三产业法人单位平均增速/%	19.47	28.24	33.35	21.51	−8.38	44.85
生产性服务业法人单位数/个	36 197	50 748	75 490	104 450	106 408	174 400
生产性服务业占第三产业法人单位数的比重/%	17.72	19.38	21.62	24.61	27.37	30.96
生产性服务业法人单位数增速/%	39.69	40.20	48.75	38.36	1.88	63.89

资料来源：山西省统计年鉴（2015—2021 年）。

从第三产业内部结构上看，生产性服务业占比渐高，仍有较大发展空间。对于山西省而言，发展生产性服务业能够使其降低对资源型经济的依赖度，为其他产业的发展提供有力的知识、技术支持，是提高山西省制造业发展效率和竞争力的重要举措。山西省生产性服务业在 2015—2020 年发展规模扩大了近 4 倍，且其法人单位数占第三产业法人单位数的比重也从 17.72%上升至 30.96%，尤其在 2019 年，在第三产业法人单位数下降 8.38%的情况下，生产性服务业法人单位数仍然保持上升趋势，说明山西省第三产业内部结构逐渐改善，生产性服务业法人单位数量增长趋势高于生活性服务业。

4.1.2　能源结构特点

4.1.2.1　能源生产状况

山西拥有丰富的煤炭资源，一直都是我国重要的能源生产和能源供给大省。改革开放以来，一次能源产量从 1988 年的 10 310.32 万 t 标准煤跃升至 2010 年的 63 326.74 万 t 标准煤，增长了 5.1 倍，年均增长 6.2%。而在 2010 年之后，山西省一次能源产量趋于稳定，保持在 70 000 万 t 标准煤左右，到 2020 年，一次能源产量也仅为 75 065.92 万 t 标准煤。

同时，山西省能源生产结构也相对稳定，未发生大的变化。在一次能源生产构成中，原煤占据绝对主导地位，始终保持在 96%以上。而风、光、水电等一次电力以及煤层气的产量一直在稳步提高，但增速缓慢。1980—2020 年，风、光、水电等一次电力以及煤层气的产量占比分别由 0.18%、0.04%增至 1.91%、1.32%。山西一次、二次能源产量及构成如表 4-2 所示。

表 4-2　山西省一次、二次能源产量及构成

年份	一次能源产量（标准煤）/万 t	占能源产量比重/%			加工转换能源占一次能源产量的比重/%	占一次能源产量的比重/%		
		原煤	风、光、水电	煤层气		火电	洗精煤及其他洗煤	焦炭
1980	10 310.32	99.71	0.18	0.04	11.28	4.68	3.02	3.57
1985	18 237.45	99.82	0.16	0.02	8.85	4.06	2.23	2.56
1990	24 341.19	99.86	0.13	0.01	17.08	5.37	5.29	6.42
1995	29 760.94	99.88	0.10	0.02	38.73	6.77	14.67	17.29
2000	21 457.60	99.63	0.31	0.06	53.72	11.44	19.79	22.50
2005	47 233.52	99.74	0.17	0.09	47.04	11.05	19.58	16.41
2010	63 326.74	99.45	0.23	0.32	47.20	13.43	20.77	13.00
2011	74 481.77	99.55	0.26	0.19	45.31	12.46	21.05	11.80
2012	78 182.88	99.30	0.47	0.23	45.89	12.62	22.57	10.70
2013	68 925.26	98.95	0.45	0.60	70.36	11.44	46.13	12.79
2014	68 426.78	98.83	0.52	0.65	71.69	11.54	47.71	12.44

年份	一次能源产量（标准煤）/万 t	占能源产量比重/%			加工转换能源占一次能源产量的比重/%	占一次能源产量的比重/%		
		原煤	风、光、水电	煤层气		火电	洗精煤及其他洗煤	焦炭
2015	72 488.91	98.76	0.60	0.64	64.86	9.95	44.14	10.77
2016	63 030.18	98.21	0.99	0.80	74.80	11.36	50.82	12.62
2017	65 901.20	97.94	1.23	0.83	75.78	11.72	51.71	12.36
2018	70 766.55	97.63	1.51	0.87	71.97	11.83	47.43	12.71
2019	69 313.12	97.15	1.76	1.09	77.35	12.53	51.48	13.34
2020	75 065.92	96.77	1.91	1.32	85.39	11.83	60.07	13.49

山西是中国传统的能源生产基地，也是中国煤炭生产第一大省。从能源生产量来看，山西的全国能源生产基地作用依旧明显，2020 年一次能源产量为 $7.506\,6\times10^8$ t 标准煤，占全国的 18.04%。其中，煤炭生产总量为 107 906 t，约占全国的 28%；电力生产总量为 3.033×10^7 kW·h，占全国的 4%；焦炭产量为 10.494×10^7 t；煤层气抽采量突破 7.7×10^9 m^3，利用量约占全国的 75.27%。

总体来看，山西作为传统能源生产基地，能源生产结构长期以煤为主，存在传统行业产能过剩、新能源装机不足等问题。在总体经济增长放缓的形势下，必须通过优化能源结构促进节能减排，消除资源“瓶颈”对经济发展的制约作用；通过能源生产结构的调整倒逼产业结构的调整；通过提高资源利用率，尤其是煤炭清洁高效利用，实现经济的绿色健康发展；通过扩大清洁能源生产，大力发展新能源产业和低碳经济，对经济发展实现引导和支撑。

4.1.2.2 能源消费状况

山西省能源消费结构经历了从传统的煤炭“一家独大”转变为电力、煤炭、天然气“三足鼎立”的局面，山西省能源消费结构正向多元化方向发展。[35] 1988 年改革初期，山西省煤炭消费占全省能源的比重为 59%，远超电力能源消费比例（19%）、焦炭消费比例（11%）、天然气、煤气及其他消费比例（8%）、石油消费比例（4%）；到 2007 年年底，电力在全省能源消费中占比为 35%，已赶超煤炭消费占比（25%），成为能源消耗“大户”。对比 2007 年能源消费结构，发现 2017 年能源消费差异明显，焦炭、天然气、煤气及其他能源消费占比出现此消彼长的现象，焦炭消费占比由 2007 年的 20%下降到 2017 年的 11%，降幅为 9 个百分点，天然气、煤气及其他消费占比分别为 14%、19%，而煤炭、石油、电力消费占比变化幅度仅有 1%～3%。从各能源消费占比变化过程上看，1988 年以来煤炭消费占全省能源消费比重呈波动下降的趋势，并逐渐趋于稳定。焦炭消费占比自改革开放以来呈现先上升后迅速下降的发展趋势；电力能源消费的发展状况为消费占比波动上升后保持相对稳定；天然气、煤气及其他能源消费占比呈波动上升趋势（图 4-6）。

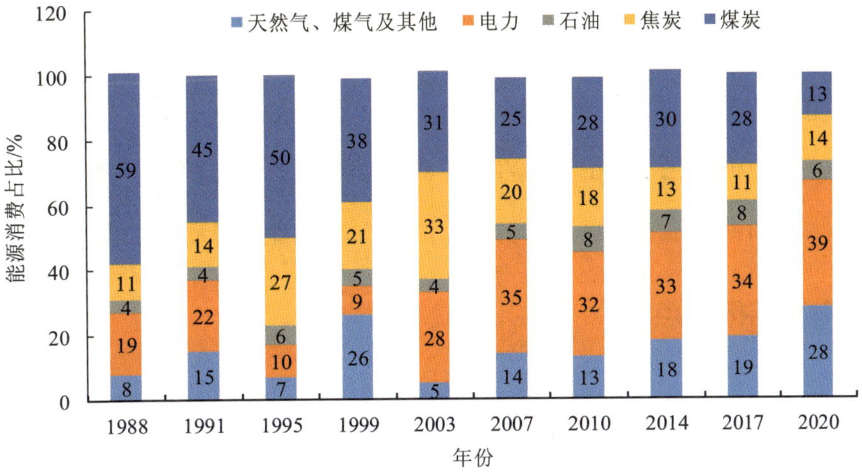

图 4-6　1988—2020 年山西省能源消费结构趋势

资料来源：山西省统计年鉴（1988—2021 年）。

在煤炭消费状况上，可以从生产与生活两个方面来分析。在生产建设方面，煤炭消费一直占总消费量的 70%以上，煤炭消费量大，能源需求多元化也促使煤炭消费量攀升，直至近几年来随着绿色生态观念的提出，煤炭消费量呈下降趋势。生活用煤方面，消费量持续平稳，这是由于随着经济水平的提高，人们逐渐认识到生活用煤对环境的危害，以及实施了煤改气、煤改电，生活用煤得到了控制。

在石油消费状况方面，石油制品消费量总体呈上升趋势。石油制品消费主要集中在工业交通消费及农业消费方面，工业交通及农业方面对于石油制品的消费与总体消费大体呈一致走向，且工业交通消费是山西省石油制品消费的主要部分，占70%以上。

在焦炭消费状况方面，山西省焦炭消费量整体呈增长趋势。焦炭消费是基本初级产品的消费，焦炭用途广泛，分布在各个行业，其中主要是工业行业。2005 年之前山西省焦炭消费量一直处于上升期，之后相关部门逐渐认识到焦煤资源利用不合理和无法恢复的环境问题，政府开始对焦炭市场进行引导与清理整顿，山西省焦炭消费量趋于平缓，转变为随政策引导波动发展。

在电力消费状况方面，改革开放至今，山西省电力消费一直呈现增长趋势，而且近年来涨幅明显。电力消费主要集中在工业、农业、交通运输及市政生活等方面。山西省以重工业为主要特征的经济结构决定了工业用电占山西省全社会用电的比重基本保持在 80%以上。市政生活近年来也呈现出明显的增长趋势，也能直接说明随着近年来山西省经济建设的加强，市政生活对电力的需求也不断加大。

4.1.3 交通结构特点

交通基础设施的修建有利于促进经济的增长。在我国，早有“要想富，先修路”的观念，这深刻地揭示了交通与经济增长的规律。就山西而言，从纵向看，改革开放以来，公路、铁路建设成绩显著；从横向看，与发达地区的差距逐步缩小，但结构不合理的问题仍然比较突出。

改革开放以来，山西进行了大规模的交通基础设施建设。1978—2020 年，铁路运营里程从 2 057 km 增至 6 247 km。1978—2000 年，公路通车里程从 31 868 km 增至 55 408 km；2005—2020 年，公路通车里程从 111 227 km 增至 144 323 km（2005 年起千米线路里程包括村道里程数，因此，2005 年前后公路通车里程不具备比较价值）。2000—2020 年，高速公路每百平方千米平均通车里程从 518 km 增至 5 745 km。交通基础设施迅猛发展的同时，山西经济也在稳步增长，山西省地区生产总值年平均增速为 9.2%。这一点也很好地说明了交通基础设施的修建有利于经济的增长（表 4-3）。

表 4-3　山西省建成铁路、公路情况　　单位：km

年份	铁路运营里程	公路通车里程	每百平方千米平均通车里程		
			高速公路	铁路	公路
1978	2 057	31 868		1.3	20.3
1980	2 129	27 261		1.4	17.4
1985	2 169	28 762		1.4	18.4
1990	2 330	30 784		1.5	19.6
1995	2 435	33 644		1.6	21.5
2000	2 511	55 408	518	1.6	35.4
2005	3 514	111 227	1 686	2.2	71.0
2010	3 752	131 644	3 003	2.4	84.0
2011	3 774	134 808	4 005	2.4	86.0
2012	3 775	137 771	5 011	2.4	87.9
2013	3 786	139 434	5 011	2.4	89.1
2014	4 980	140 436	5 011	3.2	89.9
2015	5 086	140 960	5 028	3.2	90.0
2016	5 293	142 066	5 265	3.4	90.7
2017	5 317	142 855	5 335	3.4	91.2
2018	5 428	143 326	5 605	3.5	91.7
2019	5 890	144 283	5 711	3.8	92.1
2020	6 247	144 323	5 745	4.0	92.1

资料来源：山西统计年鉴（2021）。

随着经济的快速增长和交通运输的日渐便利，山西旅客运输量和周转量也飞速地增加。

从客运量构成来看，铁路客运量呈递增态势，公路客运量先增加后减少，但公路客运量的增长速度明显快于铁路客运量，公路出行日渐占据主导地位。其中既有公路网日趋完善、高速公路不断建成的原因，也有民用汽车保有量不断增加的缘故。山西省主要年份旅客运输量和周转量如表 4-4 所示，山西省主要年份民用汽车拥有量如表 4-5 所示。

表 4-4 山西省主要年份旅客运输量和周转量

年份	客运量/万人			旅客周转量/（万人·km）		
	总客运量	铁路	公路	总周转量	铁路	公路
1978	4 499	2 124	2 375	387 366	270 950	116 416
1980	5 865	2 523	3 342	497 897	356 420	141 477
1985	10 564	3 391	7 173	931 783	621 351	310 432
1990	15 960	3 226	12 728	1 260 441	668 100	587 953
1995	21 337	3 308	17 956	1 750 989	806 580	861 061
2000	31 818	2 953	28 821	2 245 807	833 600	1 358 962
2005	40 209	3 433	36 456	3 295 406	1 056 422	1 809 406
2010	39 059	5 746	32 606	3 715 683	1 558 206	2 157 019
2011	39 932	6 219	32 865	4 158 078	1 957 808	2 199 108
2012	40 839	6 208	33 662	4 229 773	1 923 652	2 306 121
2013	34 781	6 294	28 487	3 864 404	1 898 201	1 966 203
2014	34 040	6 949	27 091	3 843 762	2 023 842	1 819 920
2015	30 676	7 393	22 085	3 799 506	2 154 182	1 645 324
2016	27 619	7 530	18 702	3 604 561	2 193 137	1 411 424
2017	26 749	7 664	17 333	3 737 555	2 232 856	1 503 565
2018	25 679	7 958	15 717	3 939 476	2 342 289	1 596 434
2019	24 342	8 153	14 009	3 955 728	2 366 931	1 588 193
2020	13 757	4 890	7 460	2 262 321	1 356 669	905 652

资料来源：山西统计年鉴（2021）。

表 4-5 山西省主要年份民用汽车拥有量

单位：辆

年份	民用汽车数						每百千米公路平均汽车数
	总数	载货汽车	载客汽车	个人汽车数			
				总数	载货汽车	载客汽车	
1978	45 634	34 383	8 341				143.2
1980	70 730	47 872	10 329				259.5
1985	129 286	102 033	20 968	23 664	21 525	1 884	449.5
1990	232 665	174 618	46 390	46 540	36 084	10 450	755.8
1995	332 886	210 157	106 924	94 987	54 806	40 131	989.4

年份	民用汽车数						每百千米公路平均汽车数
	总数	载货汽车	载客汽车	个人汽车数			
				总数	载货汽车	载客汽车	
2000	550 148	278 235	253 481	235 078	98 837	135 909	992.9
2005	1 074 350	379 599	677 746	587 721	155 570	430 314	965.9
2010	2 478 905	558 169	1 899 271	1 865 984	319 589	1 541 432	1 883.0
2011	2 953 253	612 696	2 316 189	2 301 975	364 040	1 931 590	2 190.7
2012	3 275 805	567 788	2 708 017	2 697 177	362 482	2 334 695	2 377.7
2013	3 758 528	582 913	3 175 615	3 180 579	385 930	2 794 649	2 695.6
2014	4 219 470	591 108	3 628 362	3 661 596	400 345	3 261 251	3 004.6
2015	4 665 842	571 789	4 094 053	4 137 927	393 407	3 744 520	3 310.0
2016	5 240 814	595 149	4 645 665	4 720 486	406 394	4 314 092	3 689.0
2017	5 896 070	639 361	5 256 709	5 327 549	413 659	4 913 890	4 127.3
2018	6 495 704	702 534	5 793 170	5 873 204	443 827	5 429 377	4 532.1
2019	7 076 377	763 988	6 312 389	6 396 485	472 023	5 924 462	4 904.5
2020	7 613 865	833 675	6 780 190	6 862 334	486 928	6 375 406	5 275.6

资料来源：山西统计年鉴（2021）。

4.2　低碳发展存在的问题

4.2.1　产业结构

山西省作为煤炭大省，“一煤独大”的现象由来已久，电子信息产业、先进制造业等行业发展相对落后，在推进产业结构调整过程中，应高度重视以下问题。[36]

（1）煤炭工业对 GDP 贡献值无以替代

2019 年 6 月，山西省规模以上原煤产量 8 782 t，同比增长 9.8%，增幅较上月增加 2.2 个百分点；环比增加 304.9 万 t，增长 3.60%。山西原煤产量大，但大约 65% 的产量输送到了外省地区，本省消费量不足产量的 35%。由此可以看出，煤炭产业在山西经济和全国经济发展中具有重要地位，为本省经济发展做出了重大贡献。

煤炭工业占总工业的比重虽然有所下降，但仍占工业产值的 40%左右。山西在老工业基地改造过程中进行了大量且有效的尝试，但山西的产业刚刚兴起，多元化支柱产业还未形成，产业之间也未能形成完整合理的产业链，并且缺少产业集群高端发展的基本条件，因此，山西省产业结构仍是“一煤独大”的局面，还需进一步转型升级。山西省对煤炭产业的依赖无法在短时间内改变。

（2）进入“十四五”发展时期，山西煤炭产业面临高质量发展要求，亟须实现低碳绿色、清洁高效、智能化发展[37]

短时间内，煤炭作为我国基础能源的地位和作用不会发生改变。但是，煤炭产业未来发展面临的压力也不容忽视，转型发展迫在眉睫，特别是在高质量发展的新时代，绿色低碳、清洁高效发展成为高耗能、高污染行业面临的重要课题。近年来，山西致力于煤炭能源领域的技术攻关，在颠覆性技术和新兴产业前沿技术方面下足了功夫，对“卡脖子”等关键技术开展联合攻关，取得了较为显著的成果。推动科技创新政策落地，加大能源科技创新成果向现实生产力的转化力度，建立了一批国家级、省级重点实验室和工程技术研究中心，在煤炭转化、煤与煤层气共采等方面初步形成了一定的研发优势。但是，面对安全、绿色、高质量等发展要求，煤炭产业需要在技术上继续深挖，强化技术在煤炭产业发展中的重要促进作用。

（3）钢铁等重工业结构性改革未见理想成效

山西省现行化解钢铁产能政策的工作重点在控制产能上，使得我国钢铁产能过剩、行业结构调整方面取得了一定成效，盲目投资增幅有所减小、部分落后生产能力已淘汰，产品结构和技术水平也有所改善。但对调整结构、挖掘需求、建立机制等方面工作开展得并不深入，有一些根本性问题并没有与之配套的政策来解决。在需求不振等多重因素下我国居民消费能力不足，在我国现行投资主导型的经济增长模式和收入分配制度的双重作用下，经济增长成果不断向少数人集中，消费规模的增长幅度难以与产出规模的增长幅度同步，供求严重失衡，这才是产能过剩的最根本原因。因此，尽管国家有挖掘国内外需求方面的政策，但仅仅是治标，收入分配制度改革，医疗、教育、养老等保障体系健全，提高居民消费信心，才是挖掘需求的治本之策。此外，减少地方政府干预的政策尚未出台、产能信息发布和产能过剩预警机制尚未建立也是当前供给侧结构性改革的主要问题。[38]

（4）高技术产业和第三产业占比有待提高

在山西省的大力推动下，高技术产业取得了较大的发展，但是，从数值上可以明显看出山西省高技术产业占 GDP 的比重很低，发展劲头不足，甚至在部分年份产值呈现下滑趋势。山西省高技术产业基础薄弱、起步晚、人才缺失、创新能力不足等问题，导致近年来山西省高技术产业产值增速放缓。

4.2.2 能源结构

山西省在推动能源革命方面已经取得一定成果，能源发展进入新阶段。但值得注意的是，发展水平仍相对滞后，存在一些亟待解决的问题。[39]

（1）能源革命绩效考核指标有待完善

为了打造全国能源革命排头兵，山西省委、省政府制定出台了《山西打造全国能源革命排头兵行动方案》（以下简称《方案》），《方案》确定了行动指导思想、行动基本原则、行动目标、行动主要任务和完成任务的推进举措，这是一份目标具体、任务明确的方案。然而《方案》的实施、落实不仅需要引导力、决策力，也需要刚性的、具体化的约束力和推进力。在《方案》的组织实施中，提出了要建立健全监测评价机制，对落实情况进行实时监测，对落实效果进行年度评估，并根据监测评估情况及时调度督导，适时对目标任务、工作措施进行调整优化；严格考核问责，加强工作督查督办，定期对实施情况开展专项督导、检查和通报；建立改革推进激励机制和考核机制，对成绩突出的责任单位进行表扬奖励，对失职失责的严肃问责。但这只是一个原则性的规定，还需要在实践中进一步细化，进一步规范，需要科学构建山西打造全国能源革命排头兵的绩效考核评价指标体系，并全力推进《方案》的实施。[40]

（2）以煤为主的能源供给结构无法在短时间内改善

山西省能源结构中煤炭占 70%以上，新能源产业虽然发展速度很快，但在能源供给中的比重仍偏小。其中，山西省新能源资源不仅包括太阳能、风能、水能，还包括生物质发电和地热能发电。但从新能源的开发利用种类来看，水电、风电和太阳能电力在山西省新能源中的比重超过 90%，而垃圾发电和地热发电没有得到充分重视。截至 2018 年年底，山西省发电总装机容量为 8 800 万 kW，新能源发电装机容量为 2 170 万 kW。其中，风力发电、太阳能发电、生物质发电和水力发电分别达到 1 040 万 kW、860 万 kW、40 万 kW 和 220 万 kW。由以上数据可以看出，山西省"一煤独大"的能源结构尚未改变。山西省化石能源和可再生能源储量丰富，但本地消纳能力有限，煤炭的调出量大于本省的消费量，电力生产能力也大于本省的电力消纳能力。山西省具有巨大的能源外送潜力，本省的能源产业发展也较大程度依赖于省外的能源市场需求。

（3）山西省的能源消费结构不合理，煤炭在山西省能源消费中处于绝对主导地位

在山西省能源消费中，煤炭所占比重长期维持在 80%以上；山西省的煤炭消费量约占全国的 10%，单位面积消费量是全国平均水平的 5 倍左右，冬季燃煤散烧问题尤为严重。山西省的煤炭、发电、炼钢、炼焦、化工、装备制造六大支柱产业均是能源消费的主要行业，这些行业产值占工业产值的 40%左右，同时，这些行业消耗了山西省的主要煤资源，尤其是发电、炼焦、炼钢及化工四大耗能产业消耗煤炭产量的 88.6%。

（4）缺乏科技创新与人才支撑，能源技术革命动力不足

受要素禀赋初级化特征的影响明显，山西省能源领域原创性、颠覆性的核心技术研发能力不足，缺乏全国和世界领先的能源科技成果，加之能源创新领域的专业人才匮乏、科技成果转化慢、产业化进程滞后，导致能源技术革命动力严重不足。究其原因，有以下两点：①规模以上能源制造基本属于国有企业，人才的专业性和总体数量不够，特别是高精尖人才缺乏且流动性不足，用人体制僵化，严重制约了本省能源经济的转型。在传统的煤矿企业，矿工从事简单的体力劳动，缺乏相应的劳动技能，难以适应能源产业转型升级和新能源产业快速发展的需要。与沿海发达城市相比，山西省没有发达的海港和陆路交通，缺乏区位优势，经济发展落后，导

致信息与技术也相对滞后，以致很多的行业经验、信息与政策，特别是工艺技术、人才储备及设备升级等方面与江浙地区相差甚远，在新材料、新工艺、新技术方面毫无竞争力。虽然山西省新能源产业随着市场需求不断发展壮大，但可再生能源、煤层气、煤电、煤机装备和节能等能源领域高层次人才缺乏，亟待培养能源产业发展急需的专业技术人才和技能人才。②本土对人才培养的重视程度不够。山西省目前的整体生活和工作环境对外来人才的吸引力低于发达地区，这决定了本土人才培养的重要性。而培养山西省能源类人才的重要阵地——山西省能源类高校由于办学经费投入严重不足，学科专业建设薄弱，直接影响到能源类人才的培养质量，间接影响到山西省成功打造全国能源革命排头兵的目标。

（5）能源体制革命障碍太多，未能打破体制僵局

近年来，山西省在推动能源行政审批制度、煤炭清费立税、煤焦公路运销体制等改革方面已经取得一定成效，但总体来看，山西省在能源管理中没有很好厘清政府和市场的边界，存在煤炭改革滞后，资源的行政化配置不合理和政府对微观经济的干预过多、企业行政色彩浓重，煤炭、电力等能源价格形成机制仍不完善等问题。目前在能源管理体制、资源市场化配置、新能源政策支持、电力和天然气等能源价格的形成、资源税和污染税等能源税制以及生态环境保护等方面仍存在体制机制障碍。此外，近年来，山西省各市、县加大了对新能源产业项目的开发力度，大量新能源产业项目陆续上马。但国家电力体制机制综合改革滞后、电力生产销售市场尚未完全放开、供需双方未能形成成熟的市场交易机制、新能源并网机制受到严重影响等问题不仅造成了资源的极大浪费，而且导致了新能源企业经济效益难以提高，发展的积极性严重受挫。

（6）对外合作效果不明显，引进先进项目、设备和人才较少

最近几年山西省在能源领域虽然加强了对外合作，但效果不是很明显。一方面，山西省传统能源产能严重过剩，要积极消化过剩产能、拓展生存空间、走出一条可持续发展之路，要从全球视角着手，加快海外市场拓展。当前，发展中国家城镇化、工业化进程正在加快，对能源的需求不断增强。山西省煤炭资源、装备、技术具有

得天独厚的优势，走出国门，可以摆脱目前面临的产能严重过剩的困境。虽然山西省的一些大型煤炭企业如焦煤、同煤、潞安、阳煤等在国外设有贸易类企业，但是缺乏一些大型的具有影响力的实体投资项目。此外，山西省的能源企业开展国际合作的胆量不足，企业对海外市场缺乏充分的了解，对自身参与国际竞争没有清晰的认识，对海外经营的收益和风险，以及对潜在的市场空间、商业模式缺乏整体研判。另一方面，山西省新能源产业急需先进项目、设备与优秀科技人才的支撑，但山西省对引进国际先进项目、设备和优秀科技人才的意识还不够强。最近几年先进的新能源项目、设备和优秀科技人才引进较少，严重制约了山西省新能源产业的快速发展。

4.2.3 交通结构

（1）交通运输有效供给仍然不足

基础设施仍然存在不少短板。山西省高速公路出省口不足，仍然存在“断头路”，尚未实现县县通高速；干线公路是全省公路网的短板，次等路、差等路占全省干线公路的10%左右；农村公路技术标准低、路面破损加剧、通达深度不足。[41]

运输服务不适应公众出行的新需求。受传统经营理念和模式的束缚，公路运输及城市客运行业创新发展不足、转型升级动力不足、措施不多，“门到门”的比较优势发挥得不好，且不适应人民群众日益增长的个性化、品质化出行需求。存在多年来实行“三定”（定线、定点、定时）运输的公路客运班线实载率普遍偏低、企业亏损经营、农村客运经营不稳定、城乡客运一体化水平不高、新业态的出行方式有待规范等问题。

（2）交通运输节能减排任务艰巨

山西省道路运输统计资料（2020 年）显示，山西省 2020 年公路营运货车达 97 248 辆（不含牵引车、挂车），其中柴油车 91 258 辆、汽油车 645 辆、天然气车 5 345 辆。从车辆的耗油类型来看，汽、柴油货车占营运货车总数的 94.5%，天然气车辆占营运货车总数的比重仅为 5.5%。柴油货车超标排放和散装物料车密闭不严、沿路抛洒等问题突出，新能源车、清洁能源车推广应用力度不大。

（3）智慧交通建设滞后

互联网、云计算、大数据技术等信息化应用水平较低，信息化与交通运输融合不够。由于交通运输管理涉及铁路、公路、水路、民航等多个模块，要在多部门之间进行信息和大数据的共享还存在不少困难，资源分割与信息孤岛同在，建设滞后与资源浪费并存，现有资源难以实现有效共享。

4.3 结构调整的低碳发展政策实践

作为黄河中游省，山西历来重视黄河流域的保护与开发。近年来，山西牢牢把握“共同抓好大保护、协同推进大治理”的战略导向，推进黄河流域生态保护和高质量发展建设。

在低碳发展政策方面，山西省印发《山西省黄河流域生态保护和高质量发展规划》，11 个市均出台本市黄河区域规划，9 个省直部门相继印发水安全保障、生态环境保护等专项规划，出台黄河流域国考断面水质稳定达标管理办法、深度节水控水实施方案等 10 个配套文件，形成了以 1 个总规划为统领，20 个区域规划和专项规划为支撑，10 个配套政策文件为保障的规划政策体系，搭建了推动战略落实的“四梁八柱”。2021 年，山西省出台了《“十四五”“两山七河一流域”生态保护和生态文明建设、生态经济发展规划》《生态省建设规划纲要（2021—2030 年）》，形成系统提升生态环境质量的时间表、路线图、施工图；强化生态保护监管，组织开展“绿盾 2021”自然保护地强化监督专项行动，生态保护力度持续加大。[42]

山西省不仅出台了一系列低碳发展政策，还实施了各种方案。围绕节能减排，山西省严格做好“两高”项目分类处置工作，严把项目准入关，坚决遏制“高耗能、高排放、低水平”项目盲目发展。制定出台《关于严格高耗能、高排放项目环境管理的通知》《山西省“两高”项目环评受理审查要点及审批原则》，开展焦化行业环境问题专项整治行动，推动焦化行业转型升级绿色发展。围绕采煤沉陷区保护修复，持续推进复垦整地，倾斜支持天然林保护、退耕还林还草等工程，逐步恢复和增强生态环境功能和稳定性。围绕工农业污染治理，强化工业、农业、生活等领域污染源管控，加大固体废物处理设施建设，持续提升生态承载力。[43]

4.3.1 产业结构低碳发展政策

山西水资源税试点助力水资源节约，提高用水效率。[44] 建立健全水资源产权制度和法律法规，推进水资源总量管理、科学配置、全面节约和循环利用，是推动我国绿色发展和生态文明建设的重要内容。为了促进水资源节约、提高用水效率，我国于 2016 年 7 月起在河北省试点征收水资源税，同时水资源费标准降为零。随后，2017 年 11 月，财政部、国家税务总局和水利部联合印发《扩大水资源税改革试点实施办法》，从 2017 年 12 月起将水资源税试点扩大到北京、天津、山西、内蒙古、山东、河南、四川、陕西、宁夏 9 省（区、市）。水资源税实施后，山西省用水结构正朝着预期状态不断优化，2018 年山西省使用地下水的申报户数占比逐季度减少，从第一季度的 86.48%，持续减少到第四季度的 85.57%，而使用地表水和自来水（城镇公共企业供水）的申报户数则持续增加。此外，用水效率也得到了显著提高，山西省水资源税实施办法利用税收杠杆来调节企业用水需求，激励循环用水，促进节约用水，推动企业绿色生产，进而提高了企业的用水效率。目前，山西省水资源税试点改革仍在继续，在改革的推动下，山西省用水企业用水程序日渐规范，政府部门征管流程逐步优化。

环境保护税政策的实施促进山西省污染物排放量下降。环境保护税是我国在污染排放环节从量计征、与环境污染直接相关的独立税种，也是将环境污染带来的外部成本转化为直接污染排放内部成本的一种经济手段，对我国节能减排、绿色发展具有双向激励作用，对我国生态文明建设发展具有重要战略意义。自 2018 年 1 月 1 日，环境保护税代替排污收费开始在全国范围内征收。从环境保护税收入总量来看，2018 年山西省环境保护税收入总量为 112 948 万元，位居全国环境保护税收入规模前五。环境保护税政策的实施有效促进了山西省污染物排放量的下降。2020 年，山西省二氧化硫、氮氧化物、化学需氧量、氨氮排放量较 2015 年分别下降 30%、

23.8%、27.1%、26.9%，减排效果显著。

实施“三线一单”生态环境分区管控，开展国土空间规划编制工作，积极构建产业空间管控体系。①完成“三线一单”编制工作。加快划定“三线一单”，建立生态环境分区管控体系，是贯彻落实习近平生态文明思想的重大举措。根据《中共中央、国务院关于全面加强生态环境保护 坚决打好污染防治攻坚战的意见》中关于加快确定“三线一单”的要求，山西省生态环境厅组织编制了山西省生态环境分区管控成果，2020 年 10 月通过生态环境部审核，12 月 23 日通过山西省政府第 93 次常务会议审议，12 月 30 日山西省委第 193 次常委会会议审定通过。②积极推进国土空间规划编制工作。建立国土空间规划体系并监督实施是党中央、国务院做出的重大部署。为此，山西省自然资源厅大力推进国土空间规划体系改革，全省上下联动、压茬推进国土空间规划“多规合一”的“一张图”建设，在省、市、县三级 2035 年国土空间规划编制上已取得初步成果并进行公示，山西省成为继广东省之后全国第二个公示此成果的省份。目前，山西省正稳步推进后续审批工作和省、市、县三级上下贯通的“一张图”建设。[45]

推动钢铁行业兼并重组，优化钢铁行业结构，淘汰钢铁行业落后产能，提高钢铁行业综合竞争力。兼并重组始终是山西省推进钢铁行业转型升级的重要抓手。为更加有效推进全省钢铁行业兼并重组目标的实现，山西省制定了相应的政策措施：①在配置省内铁矿石等钢铁生产原辅料资源时，对已经进行初勘的矿区、矿山，可预留给大型钢铁联合企业；②加大淘汰落后企业力度，为优势企业创造良好市场环境；③严控钢铁总产量，提高钢铁行业装备准入标准，在国家要求新、改、扩建炼铁设备容积必须达到 1 000 m^3 及以上的基础上，规定新建高炉容积达到 3 200 m^3 及以上，炼钢转炉容量达到 200 t 及以上，钢铁冶炼项目必须实行产能等量置换，即新上高炉必须淘汰相应产能的落后装备；④加大倾斜支持，对重组企业优先配置煤炭、铁矿石资源，优先解决企业升级改造项目建设需要的环境容量、产能置换指标、土地等要素资源，加强跟踪服务，协调解决企业发展中存在的问题。按照山西省确定的推进钢铁行业的思路，各级政府积极推进重点企业、重点地市的兼并重组，并在实际工作中开展艰难探索，其中具有重要影响的主要有：太钢集团以解决临钢退城搬迁为目的与山西中宇、山西星原、山西美锦等企业探索重组方案；吕梁地区探索中阳钢铁与文水海威钢铁组建吕梁钢铁集团；探索山西立恒与山西中宇联合后与周边临汾、运城等企业组建晋南钢铁集团；运城地区探索海鑫集团破产重整引入省外建龙钢铁作为战略投资者的重组案例。目前，山西省政府推动钢铁行业兼并重组已取得积极成效，产能过快增长势头得到有效控制，企业装备水平得到大幅提升，为今后兼并重组积累了宝贵的经验。[46]

打造“全国能源革命排头兵”，建成“资源型经济转型发展示范区”。山西省作为资源型经济的典型省份，其资源环境与经济发展的深层次矛盾受到国家的高度重视。为了帮助山西省摆脱“资源诅咒”，实现资源型经济转型，国务院于 2010 年 12 月 1 日正式批复设立“山西省国家资源型经济转型综合配套改革试验区”（以下简称资源型经济转型试验区）。2017 年 9 月，为贯彻落实习近平总书记“山西要成为全国能源革命排头兵”的指示，国务院出台了《关于支持山西省进一步深化改革促进资源型经济转型发展的意见》，指出要以推进供给侧结构性改革为主线，围绕坚持改革引领、聚焦产业转型、突出生态优先、加强协同联动四条基本原则，打造“能源革命排头兵”，建成“资源型经济转型发展示范区”，确立山西在全国经济发展格局中的战略地位和作用。由此，国家支持山西资源型经济转型发展政策进入全面系统深入的新阶段。山西省实施资源型经济转型政策绩效显著：新兴产业投资比重提高，1999—2016 年，山西的煤炭、冶金、焦化和电力四大传统支柱产业投资占比由 77%下降至 41%，装备制造、煤化工、新材料、食品等新兴产业投资比重由 23%增长至 59%，工业结构转型升级步伐明显加快；资源型经济转型试点工作成效明显，“十一五”和“十二五”期间，山西先后发布《山西省循环经济发展规划（2006—2010 年）》《山西省循环经济促进条例》《山西省循环经济标准体系》，将循环经济发展纳入法制化、标准化轨道；用地制度改革领域、行政审批制度改革领域、生态环境领域、省部合作机制领域、金融领域等重大领域转型改革取得新突破；工业布局由分散转向分散与集聚并存，着力打造“一核三圈五群”的工业布局。[47]

4.3.2 能源结构低碳发展政策

出台财政补贴政策，积极推动“煤改电”试点。2016 年 4 月，山西省人民政府办公厅印发了《推进城乡采暖“煤改电”试点工作实施方案》，该方案提出：对安装高效节能电采暖设备的居民用户，设备购置费用由省、市两级财政各补贴 1/3，两级补贴总额最高不超过 20 000 元/户；对安装高效节能电采暖设备的学校、养老院等非营利性公益事业单位，设备购置费用由省、市、县三级财政各补贴 1/3；对全省高速公路服务区（收费站管理办公区）现有采暖燃煤锅炉逐步实施“煤改电”，改造投资由省级财政在项目完成后，按投资额的平均水平给予 10%～20%的奖补。2017 年，山西省出台《关于进一步控制燃煤污染改善空气质量的通知》，提出按照“专项整治、常态管控、应急强化”的总体思路，进一步细化控煤措施，多措并举强化冬季燃煤污染防治，促进全省环境空气质量持续改善。太原市入围 2017 年中央财政支持北方地区冬季清洁取暖试点城市。2018 年，山西省制定印发《山西省冬季清洁取暖实施方案》，在全省分重点城市、县城和城乡接合部、农村三类地区，全面统筹推进清洁取暖工作。阳泉、长治、晋城、临汾、吕梁、运城、晋中 7 个市也被纳入 2018 年中央财政支持北方地区冬季清洁取暖试点城市。[48]

加快促进光伏产业健康发展，助力能源结构转型调整。2014 年 2 月，山西省政府印发的《关于加快促进光伏产业健康发展的实施意见》，提出到 2020 年年底，光伏发电总装机容量力争达到 500 万 kW。2016 年 6 月，山西省政府印发了《关于开展光伏扶贫工作的指导意见》，提出 2016—2020 年，以光照条件好的 35 个国家扶贫开发工作重点县为重点，采取贫困村闲置土地建设村级电站、农户住宅屋顶建设户用电站、荒山荒坡建设企业地面集中电站、养殖园区和设施蔬菜大棚等建设农光互补电站等多种形式，有计划分年度稳步推进光伏扶贫工程，做到光伏扶贫惠及的贫困村在保障建档立卡无劳动能力贫困户每年每户增收 3 000 元的同时，适当增加村集体经济收入。2016 年 8 月，山西省经济和信息化委员会发布《鼓励工业企业建设分布式光伏发电项目实施方案（试行）》，提出选择基础条件好、积极性高的工业企业和园区，开展试点和推广工作，建设一批规模化分布式光伏发电项目，到2020年全省工业企业和园区企业分布式光伏发电项目总装机容量力争达到50万kW。[49] 2020年，山西省工业和信息化厅出台《山西省光伏制造业发展三年行动计划（2020—2022年）》，为促进山西光伏产业高质量发展、全省能源结构调整与转型发展提供政策支持。近年来，随着光伏领跑者计划和光伏扶贫的大力推进，山西光伏装机增速迅猛。截至2020年年底，山西太阳能并网发电装机容量1 309万kW，光伏发电装机容量占全省总装机容量的12.6%，山西省跻身全国十大太阳能发电装机省份，光伏发电量占全部发电量的比重约为4.7%，是山西第三大电源。[50]

4.3.3 交通结构低碳发展政策

鼓励大宗货物“公转铁”，促进运输过程节能减排。为贯彻落实党中央、国务院关于推进运输结构调整的决策部署，按照《国务院办公厅关于印发推进运输结构调整三年行动计划（2018—2020年）的通知》《交通运输部等九部门贯彻落实国务院办公厅〈推进运输结构调整三年行动计划（2018—2020年）〉的通知》相关要求，2019年5月，山西省出台了《山西省推进运输结构调整实施方案》，该方案提出加快铁路专用线建设。全面推进煤炭（焦炭）、钢铁、电力、水泥、煤化工等大型工矿区企业以及大型物流园区、交易集散基地新建或改扩建铁路专用线，进一步强化与铁路干线路网的衔接。全省大宗货物年货运量150万t以上的大型工矿企业和新建物流园区，原则上全部修建铁路专用线。新、改、扩建涉及大宗物料运输的建设项目，原则上不得采用公路运输。提升铁路货运服务水平。完善短距离大宗货物运价浮动机制。推进铁路部门与煤炭、矿石、钢铁等重点企业签订运量运能互保协议，规范铁路专用线代维、共用，短驳运输等收费行为，清理乱收费和不合理收费，进一步降低专用线使用成本。推进铁路运输企业与物流园、大型工矿企业、物流企业等开展合作，构建门到门接取送达网络，提供全程物流服务。2020年，山西省全省大宗货物运输以铁路为主的格局基本形成，煤炭、焦炭铁路运输比重达 80%以上，出省煤炭、焦炭基本上采用铁路运输。钢铁、电解铝、电力、焦化等重点工业企业

（名单由省工业和信息化厅牵头确定）铁路专用线接入比重达 80%以上，重点区域具有铁路专用线的大型工矿企业（名单由省发展改革委、省工业和信息化厅会同太原铁路局、北京铁路局、郑州铁路局等确定）大宗货物铁路运输比重达 80%以上，其中，位于城市建成区及城乡接合部的达 90%以上。2020 年全省铁路货运量较 2017 年增加 2 亿 t，其中，太原市增加 1 500 万 t、大同市增加 4 000 万 t、朔州市增加 4 000 万 t、忻州市增加 1 400 万 t、吕梁市增加 2 000 万 t、晋中市增加 1 500 万 t、阳泉市增加 100 万 t、长治市增加 800 万 t、晋城市增加 1 500 万 t、临汾市增加 2 000 万 t、运城市增加 1 200 万 t。

大力推广新能源汽车，落实国家新能源汽车税收优惠政策。2015 年，山西省出台《关于加快推进电动汽车产业发展和推广应用的实施意见》，提出 2016 年 1 月 1 日起，对纳入工业和信息化部《节能与新能源汽车示范推广应用工程推荐车型目录》、在我省推广应用的电动汽车，按照同期国家补贴资金 1∶1 配套省级补贴资金；对我省列入工业和信息化部《车辆生产企业与产品》公告目录且实现终端销售的电动汽车，按照同期国家补贴资金 1∶1 的标准给予省级营销补助；研究制定农用、工矿作业类专用车辆及城乡区间用电动乘用车的补贴政策，对上述领域用车给予财政补贴；鼓励市级财政设立配套专项资金，支持区域内电动汽车产业发展和推广应用；对列入《免征车辆购置税的新能源汽车车型目录》的电动汽车免征车辆购置税、对符合《关于节约能源使用新能源车船车船税优惠政策的通知》要求的电动汽车免征车船税；将我省列入工业和信息化部《车辆生产企业与产品》公告目录的电动汽车产品纳入省、市政府采购目录，鼓励各级行政事业单位、公共服务机构优先采购本省电动汽车。2020 年年底前，山西省 11 个设区市建成区公交车、出租车、环卫车已基本更换为新能源汽车，政府部门及公共机构新购买公务用新能源汽车占比达 80%以上。

加强机动车环保排放达标监管，深化柴油货车污染治理。2019 年 5 月，山西省人民政府办公厅印发了《山西省深化柴油货车和散装物料运输车污染治理实施方案》，该方案提出严格实施国家机动车油耗和排放标准，严格实施重型柴油车燃料消耗量限值标准，2019 年 7 月 1 日起，太原、吕梁、晋中、阳泉、长治、晋城、临汾和运城市实施机动车国六排放标准；2019 年年底各市全面实施机动车排放检测与强制维护制度（I/M 制度）；采取经济补偿、限制使用、加强监管执法等措施，加快淘汰国三及以下排放标准的柴油货车、采用稀薄燃烧技术或‘油改气’的老旧燃气车辆，到 2020 年年底，完成国家下达的国三及以下排放标准营运柴油货车淘汰任务。

4.4 低碳发展政策短板与需求

4.4.1 产业结构低碳发展政策存在的问题

山西省水资源税试点改革成效巨大，但也暴露出一些问题：①纳税主体划分不科学。山西省水资源税制度中对纳税主体的规定同全国其他各地区的办法一致，即直接取用地表水、地下水的单位和个人。但《山西省水资源税改革试点实施办法》中除明确表明城镇公共企业供水的取水人和用水人不一致外，其他情况一律默认取水人即用水人。现实生活中，存在许多取水人与用水人不一致的情况。②税额标准设计不合理。山西省疏干排水的税额为直接外排 1.2 元/m^3，回收利用 1 元/m^3，而同为采用地下水的其他行业则按照是否在公共供水覆盖范围内、是否在超采区等维度，差别税额设计为 2～18 元/m^3。其他行业采用地下水的税额是疏干排水的 1.83～16.51 倍，行业间税负差异过大。[51] ③许可证管理不规范。山西省水资源费改税政策仅实施不到两年，因费改税前后政策的变动，关于取水许可证的管理存在采矿排水类企业均无取水许可证、部分企业取水许可证核发地与税务登记证登记地不一致等历史遗留问题。

环境保护税制度达到预期目标，但仍需继续完善。[52] ①应税污染物不全。现行《中华人民共和国环境保护税法》规定，应税污染物基本覆盖污染物排放企业的大气污染物和水污染物，但是其在每一排放口的应税项目数按照污染物污染当量数从大到小排序取前三项或前五项，易出现企业的应税污染物与排放总量管理的污染物不对应的现象。②税额复核相关规定不完善。在涉税信息共享平台建设和运行、共享数据的范围和质量、污染物计税争议处理、比对复核工作流程等方面，环境保护税的联合征收尚未形成可操作的分工协作指引，造成现阶段环境保护税管理衔接不畅，给具体操作带来不便。

钢铁企业数量依旧较多，兼并重组仍需推进。从山西省推进钢铁行业兼并重组的实践来看，主要存在以下几方面问题：①过于强调省属国有龙头企业的作用。山西省确定的推进钢铁行业兼并重组的思路是依托太钢这一龙头企业，但太钢集团装备水平、产品档次均属全国一流，而省内其他企业在装备、产品、创新、管理等诸多方面都与太钢不在同一层次，与其他企业的重组在优化产品结构、提升技术创新水平、提高市场占有率、增强竞争优势等诸多方面效果不可能太突出。②地方政府利益分配影响跨区域重组。政府间的利益分配是钢铁企业跨地区联合重组的巨大障碍。若位于不同行政区域的两家钢铁企业实行联合重组，为避免企业重组行为对当地经济造成冲击，地方政府将对重组行为施加影响，利用各种手段阻挠重组的推进。③国家出台的兼并重组配套政策落地难。为加快推进企业重组，国家层面提出了一系列支持重组的政策措施，试图为钢铁企业兼并重组创造更加有利的政策环境。但如何落实这些措施、理顺地区分配关系、提供金融支持、妥善安置人员和债务等问题，尚缺乏明确的操作细则，政策精神难以落地。[46]

山西现行资源型经济转型政策已较为成熟，但仍存在以下问题。①转型重点不突出。《山西省国家资源型经济转型综合配套改革试验总体方案（2016—2020 年）》在围绕“产业转型、生态修复、城乡统筹、民生保障”四大领域给出的主要任务中，城乡统筹和民生保障两大领域与资源型经济转型的相关性偏低，具体措施多数带有一定“普惠”性质，内容过于宽泛，重点不突出。②缺乏分类指导，存在“一刀切”现象。国发〔2017〕42 号文给出了山西省 2017—2020 年和 2021—2030 年两个时间段的发展目标，但是现有山西资源型经济转型的支持政策缺乏针对不同时期转型突破口的科学识别，缺乏与不同发展阶段相适应的突破口政策选择。同时对于处于不同发展阶段的地级市的实施政策存在“一刀切”现象。③体制机制不灵活。目前山西将转型综改的管理职能设在省委政策研究室，部分地级市尚未将此项工作转至市委政策研究室，多数县尚未设县委政策研究室，仍由发改系统兼管。园区管理体制也尚未理顺，转型综改示范区由9个产学研园区整合而成，尚未形成合力。部分省级经济技术开发区的管理机构建设较为滞后。④配套政策不完善。国家与省级协调机制不健全，沟通渠道不畅通。例如，电解铝指标扩容、煤-电-铝-材产能置换、建设用地指标等政策需要与国家各部委协调。此外，在省内土地占补平衡、政策资金、产业扶持、税收优惠等领域，试点配套政策的含金量不高，部分政策落实性较差。

4.4.2 能源结构低碳发展政策存在的问题

目前，山西“煤改电”得到财政补贴政策的大力支持，但山西省财政补贴政策和机制还有待进一步完善。具体问题表现在：①政策优惠不平衡。目前，山西省还有大同、朔州、忻州3个地市未被列入中央财政支持范围内。②资金供给与需求不配套。中央财政补助期为3年，3年后是否可继续给予支持，尚不明确。当国家奖补资金取消后，市、县两级财政补贴负担会进一步加重，甚至不堪重负。③补贴与市场结合不紧密。山西省11个地市出台的补贴政策标准差别较大，而这一标准差别度主要与当地财力投入度和政府重视度高度相关，与市场成本的地区差别这一补贴政策的靶向目标相关度并不高。④盲目依赖补贴，后续隐患大。目前“煤改电”“煤改气”工程改造、设备购置和后续运行成本高昂。然而，不少县（市、区）招标普遍低价中标，且远低于市场价格，限价政策导致厂家降低配置或降低服务规格。[48]

山西光伏发电从无到有、从小到大，在推动山西能源转型、构建清洁低碳安全高效的能源体系中发挥了重要作用，但山西省作为全国首屈一指的煤炭大省，其在推动清洁能源发电方面仍存在较大问题。①政府推动清洁能源发电动力不足。山西省作为我国最大的煤炭产地，煤炭一直是该省实施发电的主要能源之一，而大力开展清洁能源发电将预示着降低山西省当地的原煤消耗量，势必使更多的原煤处于积压状态，这对于山西省煤矿企业的发展来说是极为不利的，从而造成了该省清洁能源发电外需动力不足。②清洁能源发电发展的相关配套政策措施有待进一步完善。主要体现在清洁能源保障小时内电量如何进入市场方面存在歧义，在实际操作中部分利益主体普遍理解片面、以偏概全，缺乏清洁能源参与电力交易的激励和约束机制。

4.4.3　交通结构低碳发展政策存在的问题

目前，“公转铁”政策虽然得到了各级政府的大力推进，但“公转铁”仍面临一些问题。①政策覆盖面不全。当前“公转铁”政策仅针对大宗货物，但居民出行和小型货物运输“公转铁”仍有巨大节能减排潜力。②基础设施不到位。铁路专用线建设不足，而且部分铁路货场缺乏资金投入，场内线路、地面、仓储、装卸等设施条件落后。③缺乏公平有序的市场环境。由于高度市场化，公路货运行业大部分为个体经营者，市场集约化、专业化程度低，货运诚信体系不健全，同时，过度竞争带来了部分汽运经营者不规范的经营行为，如超限超载运输、使用不合格汽柴油、违规开票等，公路汽运价格低于正常水平。在中短途距离运输方面，国铁企业在运价方面很难与公路竞争，给“公转铁”的实施带来较大困难。

新能源汽车虽然受到山西省各级政府的大力推广，但其发展依旧面临重重困难。①补贴政策兑现缓慢。新能源汽车补贴发放滞后，企业经营资金压力持续增大。2015—2019 年，山西省新能源汽车企业未到位的补贴资金中，国家补贴资金约 48.4 亿元，省级补贴资金约 29.2 亿元。②政策监管不到位，尚缺乏较为完备的审核和惩罚机制。一方面企业“骗补”事件屡次发生，另一方面部分企业由于政策执行等缘由，尚未享受到新能源汽车政策红利。

4.5 促进结构调整的低碳发展政策建议

4.5.1 促进产业结构调整的低碳发展政策建议

针对山西省水资源税试点改革中暴露的问题，主要政策建议为：①科学划分纳税主体，增加取水、用水主体不一致时的政策规定。建议在取水、用水主体不一致时，将用水单位也认定为纳税人，并按照用水主体适用税额征收水资源税。取水单位在缴纳水资源税时，计税依据可扣除此部分取水量。②优化税额设计，缩小疏干排水与其他行业取用地下水的税额差异。提高疏干排水适用税额，对未回用的疏干排水和其他行业采用地下水统一税额或者缩小差距。降低管网覆盖外其他行业采用地下水的税额标准，适当降低企业不可替代用水的税收负担。③规范管理取水许可证。针对采矿排水类企业均无取水许可证的问题，应提高水利部门核发取水许可证的效率，并延长这些企业暂缓 3 倍征收税款的规定。针对部分企业取水许可证核发地与税务登记地不一致的问题，应以税务登记地为准重新核发取水许可证，明确税收管辖权。

针对环境保护税面临的困境，主要政策建议为：①拓宽应税税目种类和数量。在现阶段，建议将排放量大、对人体危害性强、减排紧迫性强、技术标准成熟、征管可行性强的相关污染物尽可能纳入税目，完善污染物排放量计算排序规则，适当增加应税税目的数量。②明确复核工作实施流程。建议生态环境部和国家税务总局发文明确负责复核工作的部门、人员以及复核工作的流程、文书等，有效发挥生态环境主管部门的信息优势，进一步厘清征税主体与配合主体的责任，并准确识别与测量税收绩效。将环境保护税复核事项纳入生态环境部门考核工作。

针对山西省钢铁行业现状，对山西省政府下一步推动钢铁行业兼并重组提出以下政策建议：①明确钢铁行业减量置换的标准。将减量升级作为推动重组的基本路径，在国家规定的 1.25：1 的减量置换标准基础上，根据山西省钢铁行业的实际发展情况单独制定减量置换比例。②严格执行钢铁行业差别电价政策。通过差别电价的执行，利用市场化的价格信号识别优势企业和劣势企业，倒逼劣势企业通过参与钢铁行业兼并重组对冲电价提高对企业生产经营的影响，助推山西省钢铁行业兼并重组。③切实细化兼并重组的配套政策。出台针对钢铁行业兼并重组的优惠政策的具体可操作的落实细则，为企业兼并重组后创造良好的发展环境，真正将国家政策落到实处，提高企业兼并重组的积极性。

针对山西现行资源型经济转型政策遇到的问题，提出以下调整思路：①加强转型发展的分类指导。山西省资源型经济转型的突破口在于传统产业转型升级、新兴产业起步发展以及转型空间初步明确，政策需求应聚焦延伸煤化工产业链、开展“煤-电-铝-材”一体化、深化国企改革、培育扶持新兴产业以及推进开发区设立、扩区和升级等领域。从地级市层面，将“转型”与“发展”剥离开，将 11 个地市分成两种类型：一类是“发展”主导型，以忻州、吕梁为代表，另一类是“转型”主导型，以太原、大同、长治等为代表。②理顺“自上而下”转型综改对接管理机构。推进全省 11 个地市尽快将资源型经济转型综改业务移至市委政策研究室（市委改革办），按需配备工作人员并落实行政编制问题。县级层面，设立县委政策研究室，尽快由县委政策研究室接管资源型经济转型综改业务，按需配备工作人员并落实行政编制问题。③适度争取电解铝产能扩容指标。山西省要开展“煤-电-铝-材”一体化改革试点，推动铝工业转型升级。当前，电解铝产能指标短缺是制约“煤-电-铝-材”一体化的重要“瓶颈”，山西省应在国家政策允许的范围内，适度向国家相关部门争取电解铝产能扩容指标，支持传统铝工业转型升级。[47]

4.5.2　促进能源结构调整的低碳发展政策建议

针对山西省“煤改电”财政补贴政策和机制存在的问题，提出进一步完善的建议如下：①完善财政保障，着力提高财政对清洁取暖的调控能力。将财政支持机制与可行性任务计划相结合、合理匹配财政承受能力。将财政支持机制与中长期规划管理相结合、统筹做好财政资源配置。②建立财政联动机制，着力提高财政对清洁取暖的推进动力。在“煤改电”清洁取暖工作推进中，做到3个注重：注重与供给侧财政支持政策的内联，形成更有效的叠加聚合力；注重与金融、价格等经济手段的外联，形成更强大的综合拉动力；注重与本地区清洁市场运营的互联，形成更灵活的政策支持力。③强化财政绩效，着力提高财政对清洁取暖的加速马力。优先选择集中供热（或工业余热）供暖，在集中供热无法覆盖的区域进行清洁取暖改造，对居民居住相对集中、连片村落或整村实施“煤改电”，积极探索构建风能等新能源和可再生能源清洁取暖多能互补模式。④创新财政方式，着力提高财政对清洁取暖的支持活力。借助财政支持之力，通过创新财政方式，积极引导多元投资主体和各类社会资本进入清洁取暖领域，创新投资、运营合作模式，积极开展PPP、BOT、EPC等合作模式，开展能源合同管理，加快市场主体培育和建设。

针对清洁能源产业发展遇到的问题，提出以下建议：①完善清洁能源的税收优惠政策。通过降低清洁能源企业的增值税税率、实行增值税退税激励政策等措施来促进能源企业的转型。②探索建立清洁能源产业扶持机制。加快构建推动清洁技术发展的产业支撑体系，包括制定质量标准、完善检测体系和技术服务体系等，以提升我国清洁能源产业的竞争力。同时，对造纸、钢铁和水泥等高耗能产业采取适当的强制减排措施，以减轻煤炭、石油等过度利用带来的能源耗竭和环境污染压力。

4.5.3 促进交通结构调整的低碳发展政策建议

针对山西现行“公转铁”政策遇到的问题，提出以下政策建议：①提升铁路货运服务水平和范围。出台相关优惠政策，进一步降低专用线使用成本，提高对居民出行和小型货物运输“公转铁”的关注度。②加强交通基础设施建设。围绕建立高效衔接的多式联运体系，推进基础设施的互通互联，着重加快铁路专用线建设。③营造公平的市场竞争环境。重点针对公路货运企业，严格执行公路货运车辆超限超载治理，统一执法尺度，促使公路汽运价格回归合理水平，为“公转铁”营造健康有序的发展环境。

面对新能源汽车发展的种种困境，山西省仍需加大新能源汽车推广力度。①加大资金补助力度。按照同期国家最新补贴资金标准继续保留“省级营销补助”，拿出专项财政扶持资金，集中资源支持新能源汽车科研项目开发。②加强新能源汽车补贴政策执行的监管力度。在政策执行中，设置专门的部门对其进行监管，在发现补贴出现异常情况或者安全问题不能得到保障时，专门机构立即对其进行调查，一旦发现违规行为，采取相关措施追究责任。③加强基础设施建设。统一协调各地充电设施建设规划，进一步构建完善的充电服务网络，并出台针对充电桩建设与运营环节的支持政策。

第5章

低碳发展政策改革建议

5.1 改革方向与思路

锚定2030年“碳达峰”目标和2060年“碳中和”目标，在统筹考虑黄河流域产业能源转型方向目标、资源能源依赖、水资源约束、二氧化碳和污染物协同减排的基础上，通过全面实施包含行政、经济、社会等多类型低碳政策手段，推动黄河流域产业结构生态化、能源结构清洁化、交通结构低碳化，把低碳发展作为黄河流域新旧动能转换和高质量发展的重要抓手。

根据黄河流域低碳发展中的突出问题，瞄准重点领域、重点行业、重点环节发力，突出政策的针对性和特色性。针对黄河流域能源结构较重、可再生能源潜力大等特点，加大可再生能源价格、补贴等政策的改革力度，大力提升可再生能源利用比例；大力推进黄河流域碳市场建设，发掘碳减排和碳汇潜力；推进产业集聚化发展试点示范，通过政策引导工业园区进一步提高资源能源利用效率，在集聚的基础上实现集约发展；针对黄河流域水资源紧张的特点，利用价格、财税等政策引导将节水、中水回用与行业低碳发展同步推进；在全流域层面统筹考虑政策布局，加强区域内政策的协调制定和监管执法，全面促进黄河流域“碳达峰碳中和”目标的实现。

5.2 积极推动产业结构生态化

实行最严格水资源管理制度。对取用水总量达到或超过控制指标的地区暂停审批新增取水，对不符合国家和省（区、市）用水定额标准的项目一律不予审批，以水资源的刚性约束倒逼促推经济社会发展方式和用水方式的转变。理顺水价机制，完善水价形成机制，通过阶梯水价实现节水和产业结构转型调整。本着兼顾公平和效率的原则，分阶段、有差异地逐步提高水价，缺水地区要根据实际情况加大加价标准，让水价充分反映水资源稀缺程度。建立覆盖全成本的污水处理收费机制，全力推进污水处理设施达标运行。

优化产业结构与布局。严格落实沿黄9省（区）“三线一单”生态环境空间管控要求，划定并严守生态保护红线，实施准入负面清单管理，以水定发展，促进黄河流域产业结构调整优化。积极推动“三线一单”落地细化及后续更新调整，在生态环境准入清单中深化“两高”项目环境准入及管控要求，定期在“三线一单”数据应用平台进行成果更新，实现“两高”项目环境准入智能研判，强化源头精准预防，推进“三线一单”成果智能化应用。优化资源消耗型产业布局，统筹论证黄河中上游地区煤化工布局，统一规划，通过以新带老、等量或倍量替代、“两高”淘汰等政策，逐步实现煤化工产业布局的优化。严格控制湟水河、渭河、汾河等流域煤炭行业的发展速度和规模，积极化解过剩产能，提高能源化工行业清洁化生产水平，推动工业园区循环化改造。加快火电去产能进程，规范自备电厂管理整治，提高火电清洁高效利用程度。

强化碳排放环境管理制度。推动碳排放环境影响评价纳入环评体系，在煤化工、火电、钢铁等行业全面开展“两高”项目碳排放环境影响评价试点，鼓励各市结合本地实际扩大试点行业范围。着力提升规划环评约束效能，推动“两高”项目为主导产业的园区在开展规划环评和跟踪评价时，增加碳排放情况与减排潜力分析，推动园区绿色低碳发展。将碳排放全面纳入环境管理制度，围绕“碳达峰”目标实现需求，加快构建完善碳排放总量控制制度。依托全国排污许可证管理信息平台实现碳排放数据报送、数据管理分析、数据监管等业务功能，并逐步实现与能源、统计、电网等外部数据库的对接。将碳排放监测、报告与核查及配额分配和履约管理等碳排放交易的基础工作充分纳入排污许可管理，统一制订监测计划，统一建立台账，统一编制执行报告，引导企业统筹考虑碳减排及大气污染排放控制要求，实现“减污”与“降碳”协同治理。在钢铁、煤化工、火电等行业，开展大气污染物和温室气体协同控制试点示范。开展低碳城市、低碳工业园区、低碳企业试点，推进近零碳排放示范工程和“碳中和”示范区建设，推动形成全方位、多层次的低碳试点体系。健全上市公司、发债企业环境信息强制性披露制度，推动将碳排放信息纳入信息强制披露范围的进程。建立政府和企业碳排放与环境信息公开名录，健全信息公开奖惩制度。

多渠道强化财政资金支持。加大中央财政支持力度，建议国家绿色发展基金向黄河流域生态治理倾斜，研究设立黄河流域生态环境保护治理专项资金，推动重大生态环境保护治理工程项目落地。积极创新投融资机制，引导各类资金投入黄河生态环境保护治理。建立健全全流域纵向与横向相互结合、相互补充的生态补偿机制，统筹考虑上中下游、左右岸、干支流等不同区域特点，充分调动流域所在地的积极性，推动形成“共同抓好大保护、协同推进大治理”的格局。

完善现有的绿色税收体系。①继续完善以环境保护税为核心的绿色税制改革，通过明确税收范围、改善征收方式以及税收优惠等改革进一步发挥税收政策的行为调控引导作用，建议黄河流域有关省（区）根据环境质量和污染物排放情况，调整应税污染物税额标准，充分考虑当地环境承载能力、经济情况及环境质量，开展科学研究，选择适宜的税额标准及应税污染物项目数。②扩大绿色税收征收范围。推进将生态环境外部成本纳入资源税改革，资源税征收范围扩大到石油、天然气、煤炭、金属矿产、其他非金属矿产品及盐等，促进建立体现生态环境价值及资源稀缺性的税收制度。扩大水资源税改革试点地区，将地表水和地下水纳入征税范围，实行从量定额计征，对高耗水行业、超计划用水以及在地下水超采地区取用地下水适当提高税额标准。③通过税收优惠加大对节能环保产业，特别是环境污染第三方治理企业的政策激励。扩大从事污染防治的第三方企业的所得税优惠范围，在按15%税率征收企业所得税的基础上，探索增值税等其他税种的优惠政策，以绿色税收改革为主要支撑驱动生态环境服务业发展"提质上档"。

创新绿色金融体系。推动绿色金融产品与服务多样化发展，积极探索通过发行绿色金融债、绿色资产证券化等方式，加大对绿色发展项目的信贷投放。推动地方设立绿色发展银行，专注为绿色发展和生态环境保护项目提供金融服务。在国家绿色发展基金的基础上，鼓励有条件的地方政府和社会资本共同发起区域性绿色发展子基金，支持地方绿色产业发展。健全绿色信贷指南、企业环境风险评级标准等标准和规范。健全上市公司环境信息强制性披露、定期报告披露机制。

5.3 加快促进能源结构清洁化

持续推进煤炭消费减量替代相关政策。①优化煤炭开发布局与清洁高效利用并进，上游蒙宁区、中游蒙西区、中游陕甘区、中游山西区强化水资源使用的刚性约束，控制开发强度，严格把控矿井水的资源化利用要求。蒙陕内流区加强对保水采煤工艺、技术及设备的研发、应用，加强对矿区大量矿井水资源的综合利用、统一协调和规划。②发挥黄河流域太阳能、风能、水能等清洁可再生能源优势，加快建设以智能电网为基础、特高压电网为关键、清洁能源为根本的黄河流域能源互联网，推动黄河流域智能光伏产业创新升级和特色应用，支持在黄河上游沙漠、戈壁、荒漠地区继续推进大型风电光伏基地建设，通过"煤电灵活性改造""水光互补"等手段解决风电、太阳能发电消纳问题。③黄河流域尤其是山西、内蒙古、陕西等省（区）加强煤电规划建设，严控火电尤其是煤电项目投资，继续推进煤电超低排放改造。充分发挥流域内煤层气资源优势，推动气电发展，提高火电清洁程度。④加快推进冬季清洁取暖改造，建议将河南、山西等地纳入大气污染防治重点区域煤炭减量替代地区，扩大天然气使用规模；重点推进农村住户清洁取暖，扩大政策支持范围，削减居民散煤和小型燃煤锅炉、窑炉消费量，提高电煤比重。⑤完善清洁煤炭市场监管，在大气专项资金中设置清洁煤技术装备科研经费，鼓励企业、科研院所加大清洁煤技术装备研发投入；建立能够反映生态补偿成本、环境成本的煤炭价格形成机制，在煤电价格监测、联动模型等技术层面进一步完善煤电价格联动机制，规范和完善煤炭行业的收费制度。

加快健全黄河流域环境权益交易制度。①推动黄河流域内发电企业积极参与全国碳交易市场，流域内碳减排有难度的企业向碳减排较容易的企业购买排放权，在山东碳市场服务中心基础上，进一步谋划创建“全国碳市场黄河流域综合服务平台”，减少流域内温室气体排放，降低流域内能耗。[53] ②明确用能权交易与碳交易之间的关系，用能权交易制度覆盖范围尽可能与碳排放权交易制度形成互补，推动黄河流域节能减碳形成合力。③建立处罚与激励相结合的政策体系，把碳交易与税收政策联系起来，对自主开展节能减排和技术创新的控排单位，给予一定的政府资助和税收优惠。④探索建立黄河流域的水权交易制度，探索开展黄河流域水权一级市场建设创新，激活水权的源头市场；充分借鉴碳交易、地区水权交易等交易机制，建立国家级水权交易平台，在全流域布局多个水权交易所，加快制定水权交易管理办法。[54]

创新完善促进清洁能源价格补贴的绿色低碳发展政策。①通过补贴政策支持黄河流域煤层气、页岩气、地热能等新能源的勘探和开发，大力推进开展整县（市、区）屋顶分布式光伏建设，通过财政补贴、整合乡村振兴各类项目资金等方式给予支持。②加大推广水（农、林）光互补，出台专项补贴和支持政策，落实水（农、林）光互补建设标准，推动新能源与传统产业的深度融合。③在黄河流域设立低碳发展基金和研发专项，加大对企业低碳研发的投入和补贴，重点向从事风能、太阳能等低碳能源开发的企业进行价格补贴，实现低碳发展成本显著下降。④推动新能源上网电价与火电标杆电价“脱钩”，根据黄河流域地区消纳能力、系统安全水平等差异性，按照“一地区一核定”或者“一机组一核定”方式开展新能源上网电价核价。在季节性电力过剩的条件下，对水电丰富地区实行丰水期参与优先采购的风电、光伏发电与水电同价。⑤加强清洁能源补贴政策与天然气价格、电价等定价机制之间的协调性，吸引民间资本支持清洁供暖项目建设运营。积极引导企业用足用活政府产业基金、纾困基金、政府性融资担保、财政贴息、保险补贴等政策，支持清洁能源企业上市。

健全促进节能环保和低碳绿色发展的电价机制。①发挥黄河上游水电站和电网系统的调节能力，加大青海、甘肃、内蒙古等省（区）清洁能源消纳外送能力和保障机制建设力度，提高跨区跨省电力交易市场化程度，建立基于配额制的清洁能源消纳交易品种，激励用户主动消纳可再生能源。②建立环保电价政策评估机制，评估电价政策是否对企业发展有所帮助，包括企业经营成本是否有所下降、企业经营效益是否有所提升，分析企业电价政策的优缺点、成本收益、电价规制效果等。③综合考虑燃煤电厂的污染减排成本，加快建立电力示范工程全寿命周期成本分摊机制，通过财政资金支持、税收优惠和贷款优惠等措施，推动企业投入低碳技术的研发和推广使用。④推进燃煤电厂超低排放电价补贴加速落实，推动深化脱硫脱硝除尘超低排放环保电价政策，各省（区）结合实际情况调整环保电价，适当降低总水平。⑤深化黄河流域钢铁、化工等重点行业差别（阶梯）电价政策，针对高碳、低碳行业实施差异性电价政策，针对不同碳绩效的企业实施不同的电价政策，实现降碳目的。

5.4 全力推进交通结构低碳化

完善“公转铁”市场机制。①营造良好的市场环境。通过政策引导、补贴激励、市场监督等多种方式，为“公转铁”、优化调整运输结构营造良好的市场环境。严格执法，重点针对公路货运企业，严厉打击公路货车超载等违法行为，统一执法尺度。选取铁路路网密集、货运需求量大、运输供求矛盾较突出的地区和部分重要铁路货运线路（含疏运体系）开展铁路市场化改革综合试点。②不断完善补贴措施。针对采用铁路运输方式的企业，有针对性地研究制定补贴政策，提高企业“公转铁”的积极性。③营造创新发展模式。研究出台相关税收优惠政策，支持相关企业在“公转铁”运营管理模式、相关技术与装备等方面进行创新，促进“公转铁”创新发展。将“减税降税”与进一步实施“降物流成本”相结合，降低铁路货运的价格，完善铁路货物运输价格灵活调整机制。④扩大“公转铁”建设投入渠道。继续扩大资金来源渠道，加强物流园区、工矿企业等铁路专用线建设，为煤炭、矿石等大宗货物运输方式调整创造有利环境。鼓励社会资本设立多式联运产业基金，拓宽投融资渠道，加快运输结构调整和多式联运发展。加大铁路大宗货运专线建设的财政投入，提高铁路货运专线的比重。利用车辆购置税资金，购买货运机车和铁路货车，提高铁路运输效能。鼓励各地对运输结构调整工作成效显著的工矿企业，在分解错峰生产任务时适当减少限产比重。⑤加大“新基建”中交通基础设施建设的财政支出力度。配合产业结构调整，特别是以现在兴起的“5G”网络、数据中心等“新基建”为契机，加大对城际高速铁路、城际交通轨道、新能源充电桩等基础设施建设的支持力度。同时推动大数据、互联网、人工智能、区块链、超级计算等新技术与交通行业深度融合，助力“新基建”。

实施绿色交通汽车财税政策。①对新能源等清洁能源交通运输工具进行财政补贴。继续大力推广新能源汽车，坚持清洁高效、绿色出行（地铁、公交等公共交通），城市建成区的公交、环卫、邮政、出租、通勤等行业新增和更换新能源或清洁能源汽车，重点区域的使用率达到100%。加强新能源汽车在空气污染严重地区的推广力度。抓好公交、出租、市政车辆、城市物流等行业及政府机关的新能源汽车示范应用工作。对新能源车辆生产厂商综合运用免税、减税和税收抵扣等多种税收优惠政策，促进绿色交通技术研发应用，降低消费者购买新能源车辆的成本，引导人们购买使用新能源汽车。②加大新能源货车补贴。鼓励新能源货车使用，推进城市绿色配送行动。建议提高新能源货车现阶段补贴标准，按原国家补贴标准的80%进行补贴，同时地方政府继续给予补贴。对新能源货车实行差别化通行管理，从事城市配送的车辆专设通行道路或增加其通行道路，长途运输的新能源货车免征过路费以及停车费。加大以旧换新财政补贴力度，把老旧柴油货车淘汰环节与新能源货车购买环节紧密结合。③健全新能源汽车充电桩补贴政策。持续提供新能源汽车基础设施补贴，涵盖充电换电设施。按照充电桩投资额、充电功率给予不同或定额的建设补贴，鼓励地方政府增加运营补贴，鼓励民营资本进入充电桩建设，规范充电桩补贴政策。加大充电基础设施建设、运营专项补贴力度，鼓励企业完善充电桩建设、运营盈利模式，提供大功率充电设施建设和充电设施互联互通补贴支持。

加大船舶使用岸电优惠政策。①制定实施岸电激励政策。推动降低岸电使用成本，推动港口岸电执行大工业电价、免收容量（需量）电费政策；基于油价和电价倒挂情况设计实施岸电使用电价补贴政策；利用现有资金渠道，建立与岸电设施使用效益相挂钩的财政资金奖励机制，采取“以奖代补”的方式促进岸电设施建设和推广使用；创新多渠道岸电服务支付方式，相关数据与主管部门实现信息共享，提升岸电应用便利性和用户满意度；发挥企业“互联网+”营销服务优势，优化岸电服务方式，鼓励互联网企业参与运营服务创新；研究出台降低岸电使用基础电价、减免港口岸电容量费等相关政策，进一步提升岸电设施的使用率。②从地方经济与信息化部门的节能奖励基金、交通运输部门的行业节能减排专项以及环保部门的大气污染防治资金中对该类项目给予建设资金补贴，电力公司对岸电改造中引起的系统增容改造、设计施工等费用予以适当减免。③建立船舶使用岸电工作联动机制。由地方的经济和信息化、交通运输、生态环境、海事、物价、电力公司等部门和单位形成联动机制，加强岸电系统推广应用的组织协调。由地方交通运输、生态环境、海事等部门对靠港船只污染物排放提出具体要求。生态环境部门将港口船舶靠港污染物排放治理纳入大气污染防治年度计划；物价部门参照相关节能环保价格政策，明确船舶岸基供电的用电价格和服务价格；交通运输部门积极推动港口相关单位参与港口岸电技术标准、船舶受电设施和相关接口技术标准的研究制定；电力公司做好与国际岸电设施、船舶受电系统、相关接口标准的对接建设工作，实现岸电系统建设的标准化、规范化和国际化。

5.5 “十四五”时期改革路线

“十四五”期间重点完善优化黄河流域生态环境与碳减排协同政策体系，突出以生态环境质量改善和二氧化碳达峰倒逼总量减排、源头减排、结构减排，推动产业结构、能源结构、交通结构绿色低碳转型和生态环境质量协同改善，研究制定黄河流域“十四五”时期的低碳政策改革路线，政策推进路径分为2021—2023年、2024—2025年两个阶段（表5-1）。

表 5-1 黄河流域“十四五”时期低碳政策改革路线

<table>
<tr><th colspan="2" rowspan="2">政策类型</th><th colspan="2">政策推进路径</th></tr>
<tr><th>2021—2023 年</th><th>2024—2025 年</th></tr>
<tr><td rowspan="3">产业结构</td><td>绿色税费价格政策</td><td>❖ 针对高碳、低碳行业实施差异性电水价政策，针对不同碳绩效的企业实施不同的电水价政策
❖ 调整应税污染物税额标准，选择适宜的税额标准及应税污染物项目数
❖ 推进将生态环境外部成本纳入资源税改革
❖ 扩大水资源税改革试点地区</td><td>❖ 建立排放绩效导向、阶梯价格激励、市场经济政策引导的组合调控机制
❖ 同步推进价格体制与产业结构调整升级</td></tr>
<tr><td>优化产业空间布局</td><td>❖ 落实沿黄9省（区）“三线一单”生态环境空间管控要求
❖ 推动“三线一单”落地细化及后续更新调整</td><td>❖ 在生态环境准入清单中深化“两高”项目环境准入及管控要求
❖ 推进“三线一单”成果智能化应用</td></tr>
<tr><td>绿色金融</td><td>❖ 扩大气候投融资渠道，探索设立市场化的碳基金
❖ 积极开发与碳排放权相关的金融产品和服务，探索通过发行绿色金融债、绿色资产证券化等方式加大对降碳减污和降碳强生态项目的信贷投放，探索运营碳期货、碳期权等碳金融项目</td><td>❖ 推进发挥碳金融工具和金融衍生产品在低碳（零碳、负碳）技术与产业发展中的功用
❖ 加大对国家自主贡献重点低碳项目和地方低碳试点的金融政策支持力度</td></tr>
</table>

政策类型		政策推进路径	
		2021—2023年	2024—2025年
产业结构	碳排放环境管理制度	❖ 加快构建完善碳排放总量控制制度 ❖ 逐步实现与能源、统计、电网等外部数据库的对接 ❖ 在钢铁、煤化工、火电等行业，进行大气污染物和温室气体协同控制试点示范 ❖ 健全上市公司、发债企业环境信息强制性披露制度，推进将碳排放信息纳入信息强制披露范围的进程 ❖ 建立政府与企业碳排放与环境信息公开名录，健全信息公开奖惩制度	❖ 推进试点示范的动态评估和考核工作 ❖ 推进近零碳排放示范工程和“碳中和”示范区建设 ❖ 完善碳信息披露制度，强化碳信息披露的监管职能和审计鉴证
能源结构	煤炭消费减量替代	❖ 通过“煤电灵活性改造”“水光互补”等手段解决风电、太阳能发电消纳问题 ❖ 将河南、山西等地区纳入大气污染防治重点区域煤炭减量替代地区 ❖ 重点推进农村住户清洁取暖，削减居民散煤和小型燃煤锅炉、窑炉消费量	❖ 完善清洁煤炭市场监管，加强煤炭质量跟踪监测和市场整治力度 ❖ 健全能够反映生态补偿成本、环境成本的煤炭价格形成机制
	环境权益交易	❖ 谋划创建“全国碳市场黄河流域综合服务平台” ❖ 用能权交易制度在覆盖范围上与碳排放权交易制度形成互补 ❖ 探索建立黄河流域的水权交易制度	❖ 全面推广碳交易市场，推进碳排放总量和强度“双控” ❖ 健全碳交易与税收政策 ❖ 在全流域布局多个水权交易所，加快制定水权交易管理办法
	清洁能源价格补贴	❖ 大力推进开展整县（市、区）屋顶分布式光伏建设，通过财政补贴、整合乡村振兴各类项目资金等方式给予支持 ❖ 设立低碳发展基金和研发专项，重点向从事风能、太阳能等低碳能源开发的企业进行价格补贴	❖ 完善促进新能源开发利用的价格、补贴政策协同机制 ❖ 加强价格补贴监管，实施项目补贴竞争机制 ❖ 加强清洁能源补贴政策与天然气价格、电价等定价机制之间的协调性
	绿色电价	❖ 加大清洁能源消纳外送能力和保障机制建设力度，提高跨区跨省电力交易市场化程度 ❖ 建立环保电价政策评估机制 ❖ 加快建立电力示范工程全寿命周期成本分摊机制 ❖ 深化黄河流域钢铁、化工等重点行业差别（阶梯）电价政策	❖ 加大燃煤电厂企业对低碳技术的研发和推广使用的力度 ❖ 推动深化脱硫脱硝除尘超低排放环保电价政策

政策类型		政策推进路径	
		2021—2023年	2024—2025年
交通运输	绿色交通运输体系建设多元化投融资	❖ 统筹利用车辆购置税资金、中央基建投资等推进公铁联运、海铁联运等多式联运发展 ❖ 鼓励社会资本设立多式联运产业基金	❖ 加快运输结构调整和多式联运发展 ❖ 继续完善大宗货物运输体系建设，推进“公转铁”进程 ❖ 加大对大数据、互联网、人工智能、区块链等新技术与交通行业资金投入，助力“新基建”
	轻型车超低排放政策	❖ 提高重型商用车燃料消耗量限制标准 ❖ 全面发展低碳物流和实施碳排放标准 ❖ 对新能源相关的运输企业和基建给予补贴等政策支持	❖ 税收等政策利好持续推动电动车、磁悬浮列车等新技术以及新能源在交通运输行业的发展
	生物质柴油推广补贴税收优惠	❖ 落实生物柴油等的资源综合利用税收优惠 ❖ 出台车用生物质柴油税收优惠或其他鼓励政策	❖ 继续加大税收优惠和财政支持
	岸电使用补贴	❖ 推动港口岸电执行大工业电价、免收容量（需量）电费政策 ❖ 采取“以奖代补”方式促进岸电设施建设和推广	❖ 创新多渠道岸电服务支付方式 ❖ 相关数据与主管部门实现信息共享

5.6 健全相关配套保障机制

建立落实相关工作推进机制。黄河流域各地区制定实施区域二氧化碳排放达峰行动方案，明确工作任务、建立工作机制、完善保障措施，明确地方和重点行业的达峰目标、路线图、行动方案和配套措施。鼓励黄河流域产业、能源、交通等重点领域制定达峰专项方案。健全各地温室气体清单编制工作机制，完善地方、企业、项目碳排放核算及核查体系，创建碳排放公开数据库，选择典型行业典型产品试行低碳认证，推进低碳标准制定。

建立健全监管执法和信息共享机制。打造包括碳排放权交易额、可再生能源消费占比、高耗能产业淘汰或升级等在内的低碳发展政策工作绩效考核体系，考察参与主体环境责任，提高监管效率和积极性。同时，构建覆盖碳排放权交易不合规、节能减排任务不落实、相关政策推行不力等的低碳发展政策工作责任人追责机制。加强各相关部门在政策实施层面的统筹协作，建立跨部门、跨区域协同治理机构和机制建设，加强政策信息的整合。搭建公开透明的碳排放交易信息发布系统，鼓励企业公开温室气体排放相关信息，支持地区探索企业碳排放信息公开制度。

建立完善资金保障机制。黄河流域各级财政资金加大对绿色低碳的支持，为低碳试点推行、低碳产品开发推广、节能减碳技术研发应用等存在明显正外部性的相关领域提供资金保障。整合财政资金投向，对低碳效益高的项目给予优先支持，加大项目库储备能力建设，指导各地优化项目实施模式。丰富税收政策，对开发利用可再生能源与清洁能源、积极参与碳排放市场交易、践行低碳设备更新换代等的企业给予相应税收减免优惠政策，对高耗能、高污染、高碳排企业增加税负。创新政策拓宽融资渠道，加大绿色信贷等金融支持，探索市场创新型融资手段，鼓励开展统筹考虑低碳发展生态环境导向的开发（EOD）项目，引导银行金融部门支持协同项目的开发与运营。

加强低碳试点示范和技术创新。逐步推进黄河流域生态示范创建、低碳试点、适应气候变化试点等试点示范的融合。选择典型城市和区域，开展空气质量达标与碳排放达峰“双达”试点示范，在钢铁、建材、有色等行业，开展大气污染物和温室气体协同控制试点示范。探索开展污染物与温室气体协同减排相关技术研发、示范和推广，大力推进低碳能源、低碳产品、低碳技术、前沿性适应气候变化技术、碳排放控制管理等科技创新。有序推动开展规模化、全链条二氧化碳捕集、利用和封存示范工程建设的探索。在发电、建材、石化和冶炼等行业推广碳捕获、封存和利用技术。促进钢铁、化工和水泥等高耗能行业的脱碳化和现代化。

健全公众参与和监督。健全鼓励公众参与的体制机制，“前端”明确公众绿色低碳行为机制与标准，“末端”强化公民监督权益与机制的落实，形成黄河流域低碳发展的良好公众参与及社会监督闭环机制。明确低碳减排生产生活方式与权益，从教育、媒体渠道宣传教育引导公众与社会积极参与到绿色低碳发展进程中。健全投诉、举报、反馈平台与机制建设与维护，健全对监督反馈机制与平台的“再监督、再评估”机制，推进构建“政府-企业-社会公众”联动监督引导的绿色低碳行动体系。鼓励扶持非营利组织共同参与推进社会参与咨询与决策机制的构建，提升专业社会组织团体的专业性与影响力，加强组织机构管理，助力减污降碳行动在全民体系推进。

强化政策实施的法制保障。推动黄河流域地区气候变化立法进程，构建涉及生态环境保护、应对气候变化、资源能源利用、循环经济等多领域相交叉的法律法规网络，形成降碳、减污、强生态协同效应。[55] 加强低碳发展政策和生态环境政策在标准体系方面的统筹设计，加快推进排放、监测、管理等领域应对气候变化标准和生态环境标准统筹融合，探索开展温室气体、污染物及生态保护协同管理相关标准研究。出台碳排放总量目标及分解落实的部门办法，加强地方碳排放总量控制的法律法规建设。

参考文献

[1] 任保平，张倩. 黄河流域高质量发展的战略设计及其支撑体系构建[J]. 改革，2019（10）：26-34.

[2] 左其亭. 黄河流域生态保护和高质量发展研究框架[J]. 人民黄河，2019（11）：1-6，16.

[3] 陈晓东，金碚. 黄河流域高质量发展的着力点[J]. 改革，2019，309（11）：25-32.

[4] 金凤君. 黄河流域生态保护与高质量发展的协调推进策略[J]. 改革，2019，309（11）：33-39.

[5] 郭晗. 黄河流域高质量发展中的可持续发展与生态环境保护[J]. 人文杂志，2020，285（1）：23-27.

[6] 徐辉，师诺，武玲玲，等. 黄河流域高质量发展水平测度及其时空演变[J]. 资源科学，2020，42（1）：115-126.

[7] 杨永春，穆焱杰，张薇. 黄河流域高质量发展的基本条件与核心策略[J]. 资源科学，2020（3）：409-423.

[8] 马海涛，徐楦钫. 黄河流域城市群高质量发展评估与空间格局分异[J]. 经济地理，2020，40（4）：11-18.

[9] 安树伟，李瑞鹏. 黄河流域高质量发展的内涵与推进方略[J]. 改革，2020（1）：76-86.

[10] 张贡生. 黄河流域生态保护和高质量发展：内涵与路径[J]. 哈尔滨工业大学学报（社会科学版），2020，22（5）：119-128.

[11] 高兰芳. 黄河流域生态保护和高质量发展战略[J]. 现代企业，2021（1）：70-71.

[12] 黄浩涛. 生态兴则文明兴生态衰则文明衰——系统学习习近平总书记十八大前后关于生态文明建设的重要论述[N]. 学习时报，2015-03-30.

[13] 张贡生. 绿色城镇化：框架及路径选择[J]. 哈尔滨工业大学学报（社会科学版），2018（3）：123-131.

[14] 田秋生. 高质量发展的理论内涵和实践要求[J]. 山东大学学报（哲学社会科学版），2018（6）：1-8.

[15] 杜海波，魏伟，张学渊，等. 黄河流域能源消费碳排放时空格局演变及影响因素[J]. 地理研究，2021（7）：2051-2065.

[16] 公维凤，范振月，王传会，等. 黄河流域碳排放区域差异、成因及脱钩分析[J]. 人民黄河，2021，43（12）：12-17.

[17] 于文轩，邵经纬. 流域水资源节约集约利用机制的完善——以《黄河保护法》为视角[J]. 水利发展研究，2023，23（3）：7-11.

[18] 数据来源：中国统计年鉴 2020 年和 2017 年.

[19] 马诗萍，张文忠. 黄河流域电力产业时空发展格局及绿色化发展路径[J]. 中国科学院院刊，2020，35（1）：86-98.

[20] 姜长云，盛朝迅，张义博. 黄河流域产业转型升级与绿色发展研究[J]. 学术界，2019（11）：68-82.

[21] 数据来源：各省 2020 年统计年鉴。

[22] 马诗萍，张文忠. 黄河流域电力产业时空发展格局及绿色化发展路径[J]. 中国科学院院刊，2020，35（1）：86-98.

[23] 数据来源：中电联 2019 年全国电力工业统计快报（数据截至 2019 年年底）。

[24] 陈嘉茹，张震，苏铭. 黄河流域能源高质量发展的问题与建议[J]. 世界石油工业，2021，28（2）：31-35，62.

[25] 绿色税制助力黄河流域生态保护高质量发展. http：//www.gdscri.com/？p=15579.

[26] 胡楠，裴庆冰. 完善用能权交易制度 推动节能增效[J]. 宏观经济管理，2020（12）：43-49.

[27] 张卓群. 绿色金融推进黄河流域产业绿色转型[J]. 中国发展观察，2020（Z8）：22-23，30.

[28] 范振林，刘文敏. 黄河流域水资源市场化配置思路与对策[J]. 国土资源情报，2020（12）：3-11.

[29] 石玉波，王寅，邓延利. 培育黄河流域水权交易市场 助力生态保护和高质量发展[J]. 水利发展研究，2021，21（2）：12-14.

[30] 龙海雯. 中国能源价格改革与绿色经济发展研究[D]. 昆明：云南大学，2018.

[31] 王芳，方曾利，王鹏，等. 河南省大宗货物“公转铁”现状问题及推进措施[J]. 物流科技，2021，44（2）：81-83.

[32] 张迪，陈雷，何守慧. 低碳运输下大宗货流“公转铁”对策研究[J]. 中国市场，2022（3）：151-152.

[33] 刘丹萱. 山西省金融发展对产业结构调整的影响研究[D]. 太原：山西财经大学，2021.

[34] 数据来源：2019 中国火炬统计年鉴。

[35] 钞锦龙，郝小梅，刘敏，等. 改革开放 40 年山西省能源消费及设施建设进展[J]. 能源与节能，2020（1）：2-7.

[36] 中共山西省委党校第 67 期中青班课题组，冯国华. 推动山西产业结构调整的对策建议——基于山西综改示范区产业发展的调研分析[J]. 中共山西省委党校学报，2020，43（5）：54-58.

[37] 管峰."十四五"时期山西煤炭产业发展对策[J]. 现代工业经济和信息化，2021，11（6）：16-17.

[38] 张晋伟. 金融支持山西钢铁业发展的思考[J]. 经济师，2016（10）：203.

[39] 李桂平. 能源综合改革研究背景下山西省能源结构优化研究[J]. 山西能源学院学报，2020，33（1）：65-67.

[40] 王雅秋，李桂平. 山西打造全国能源革命排头兵的内在逻辑、现实困境与突破路径[J]. 经济问题，2020（1）：95-102.

[41] 高文婷. 贯彻交通强国建设纲要，推动山西交通运输高质量发展对策[J]. 运输经理世界，2021（12）：119-122.

[42] 山西将以更高标准深入打好蓝天、碧水、净土保卫战。

[43] 山西推进黄河流域高质量发展 黄河流域优良水质断面占比近八成。

[44] 陈望. 我国水资源税制度完善研究[D]. 武汉：中南财经政法大学，2020.

[45] 山西省自然资源厅. 山西稳步推进国土空间规划"一张图"建设[EB/OL]. http：//www.shanxi.gov.cn/ yw/sxyw/202108/ t20210809_931600.shtml.

[46] 杜国名. 政府推动钢铁行业兼并重组研究[D]. 太原：山西大学，2017.

[47] 高见，邬晓霞. 山西资源型经济转型突破发展的支持政策研究[J]. 经济问题，2018（9）：17-21.

[48] 邸英明，成怀平，梁媛芳，等. 以山西省为例清洁取暖财政支持机制探究[J]. 山西财税，2021（3）：28-32.

[49] 魏磊，姚长怀. 光伏发电行业分析报告：以山西省为例[J]. 海外投资与出口贷，2017（5）：42-48.

[50] 王云珠."十四五"时期山西可再生能源发展政策研究[J]. 经济问题，2021（8）：18-24.

[51] 李晓欢，姜亚望，高艳萍，等. 水资源税改革效应分析与制度优化——以山西省为例[J]. 税务研

究，2019（7）：39-45.

[52] 陈煌，王力，黄德生，等. 我国环境保护税实施困境及对策研究[J]. 环境与可持续发展，2021，46（4）：18-23.

[53] 李进芳. 绿色金融驱动黄河流域高质量发展研究[J]. 合作经济与科技，2021（4）：58-60.

[54] 张贺全. 建设黄河流域生态保护机制建议[N]. 青海日报，2020-12-28（10）.

[55] 付琳，周泽宇，杨秀. 适应气候变化政策机制的国际经验与启示[J]. 气候变化研究进展，2020，16（5）：641-651.